我命由我不由天

著 / 李虹 蔡志忠

中国出版集团 现代出版社

目 录

第 4 讲　打造梦想，选择自己的人生之路

蔡志忠和他笔下的漫画人物

序言一

每个小孩都是天才，只是妈妈不知道

2019 年世界读书日，我到北京前门大街的 PAGE ONE 书店，出席普林斯顿大学出版社出版的《漫画孙子兵法》英文版的新书发布会，会后接受了《环球时报》记者李虹的专访，主题是"父母应该如何教育自己的孩子"。文章刊出后，据说反响不错，之后李虹在端午假期来到杭州对我进行更深入的采访。

我向李虹提议："我们何不合作写一本关于自我教育的书？出版后也可以通过新浪扬帆基金会蔡志忠文化传承委员会，印几万本送给偏远地区的学童们，以激励他们。"

李虹说："写一本书？那至少得一年半载吧？"

我说："那是一般人的效率，巴尔扎克短短 20 年的创作生涯，写了 160 多部各种形式的作品，塑造了 2472 个栩栩如生的人物。20 多万字的《高老头》他只花 70 个钟头就完成了。"

我接着说："我的创作速度可媲美巴尔扎克，2015—2016 年，我写了 29 本书，《漫画金刚经》我只花了 75 个钟头，从前画《漫画庄子说》《漫画老子说》，每一本也只花了 11 天时间。"

李虹在我强烈"怂恿"下便答应了，这便是这本书的缘起。而她最终只用 7 天时间就写完了这本书。

本书内容大都是我的经历与观念，我始终认为天生我材必有用！每个人无论出身如何，只要真切了解自己，便能主宰自己的一生，走出一条属于自己的人生之路！

我来自没有什么资源的贫穷乡下，因此特别关心出身背景不太好的学子们，不要灰心、不要害怕挑战，只要及早规划好自己的人生蓝图，选择自己最喜欢、最拿手的事，并全力以赴地去完成自己的目标，无论做什么，没有不成功的。

成为厉害角色的方法不外乎以下程序：

读万卷书，不如行万里路。
行万里路，不如阅人无数。
阅人无数，不如高人点度。
高人点度，不如自己顿悟。

这本书无法让你读万卷书、行万里路和阅人无数，但绝对可以作为高人点度的人生指南。

对于如何完成自己的梦想，本书谈得非常多，不用在这里重复引述。

我倒想借此机会告诉天下父母们，如何正确地帮助自己的孩子，使他们成为优秀的自己，而不是令孩子成为你们想要他们成为的样子。

三岁决定一生

我经常说："几千年来，中华优良传统文化是通过每一户人家代代相传而传承的。"

家是人生的第一所学校，妈妈的怀抱是孩子温暖的教室，妈妈是孩子的第一个老师，也是启蒙孩子最关键的人。

三岁看大，七岁看老。所以出生之后这段时间跟孩子关系最亲密的妈妈影响力最大。尽早教导孩子、启迪孩子的独立思考能力和兴趣至关重要。

自己的小孩自己要先教导，如果父母自己只顾工作赚钱，把孩子交给爷爷奶奶，等到孩子被宠坏了，习性形成之后，希望学校的老师将孩子教好，那是不可能的。

我小时候很静默，这应该是来自家中的传统，我们家有人说话是因为有事情要说，平时大家维持静默不讲话。我一生当中，跟父亲、大哥、大姐、妹妹说话不到50句。记得我七八岁时曾跟二哥睡同一张床，整整两年时间，印象中我们好像不曾对谈过，而我跟母亲则是无话不说，母亲是影响我一生的最重要的人。

后来我能成为漫画家跟我母亲有一定的关系。由于母亲不认识字，记得从很小开始，我便经常讲故事给母亲听，无论故事是从童话书看来的，还是从老师那里听来的，或是我自己编的……这也是我很会编故事，擅长用漫画讲故事的主要原因。

天才来自早教

所谓"龙生龙、凤生凤"，我认为指的是人的体形和外貌等方面的遗传性。

白人父母生下白人小孩，黑人父母生下黑人小孩，黄种人父母生下黄种人小孩。

如同我们买一部 SONY 计算机，便有 SONY 计算机的硬件；买苹果计算机，便有苹果计算机的硬件。但相同品牌的计算机买回去之后，使用者装上自己需要的软件，计算机也会变得不一样。有的人用来制图、绘制动画、处理账册，有的人则是用来上网、聊天、打电玩。

每个小孩都是天才，
只是妈妈不知道！

天才不是智商 200，而是从小有梦想，长大之后努力实现自己的梦想，从毛毛虫蜕变为一只能翱翔天地的美丽蝴蝶。

启发自己的子女，让他们的小小心灵充满自信和想象力。鼓励他们努力做自己，编织自己的人生梦想，帮助他们完成心中的梦想。

美国哲学家弗洛姆说："每个人都生自父母，但每个人都要使自己再重生一次。"

天才不是来自基因，它来自从小接受的外界长期刺激！越早启发，就越有成效！妈妈是对孩子影响最大的导师，她给了孩子身体这个"硬件"，还要灌输给孩子思想这个"软件"。

女儿与我

从小女儿常跟我在一起，因为我很独立又不太讲话，女儿也跟我很像，独立自信得超乎寻常。

女儿一岁半左右，有天晚上我载她出去吃饭，回到家我打开靠人行道的车门让她先下车，然后用大锁锁好车子从马路侧下车，发现她绕过车后走到马路边过来找我，刚好一部大卡车高速驶来，差一点就撞到她，吓出我一身冷汗。

我当即决定教她过马路，让她了解其中的危险，于是我带她走到十字路口，要她一个人通过斑马线过马路。

她狐疑地问："我一个人过马路？"

我说："当然！"

只见她左顾右盼、小心谨慎，飞快地跑过马路，我又要她从马路对面回来，她又如法炮制，跑回来。

从此我跟她一起上街、过马路，都不会牵她的手，注意路面高速行驶的车子是她要做到的事。

我们无法照顾子女一辈子，所以要尽早教他们独立自处。

父母该什么时候放手？

在他能站起来时，放手让他自己走。

在他有思考能力时，让他自己决定事情。

就像我们会因为父母放手让我们自己做什么，而感谢他们，因为不让我们做什么，而恨他们一样。

我的父亲如同三千年前世代务农的祖先一样，很明白自己无法教导一个要到台北画漫画的小孩，他所能教的便是跌倒要自己爬起来的独立性与再接再厉的勇气。

因父亲的无为而治，让我有机会选择自己最喜欢、最拿手的漫画作为职业，完成梦想。我也将蔡家这个优良传统传给女儿，对于那时将要到美国留学的女儿，我跟我父亲一样，所能教导她的就是判断是非、独立思考的能力和勇于做自己、失败了擦干眼泪再站起来的超凡自信。

纪伯伦说：

父母是弓，孩子是箭。

弓只能帮助箭到达箭自己要去的地方。

孩子是通过你们而来，却不是因你们而来。

他们是生命的子女。

尽力拉开弓，愉快放开你的手，

让爱的箭飞到他的梦想。

把爱给他们，却不能给予思想，因为他们有自己的思想。

努力效仿他们，却不可企图让他们像你。

因为生命不会倒行，也不滞留往昔。

作为父母亲的我们，请别误认为自己人生阅历丰富，强行让孩子依父母的主观去行动。孩子要生活在更严苛的未来，今天的观念和经验怎么能够应付未知的未来？

正确教导孩子的方法不是纠正孩子的错，而是去鼓励孩子的对。

鼓励是使人奋发的原动力，

缺乏鼓励，绿洲会变成沙漠。

一个孩子将来成就如何，跟他幼龄时期妈妈的教导有很大的关系。

但务必要帮助孩子成为他自己，而不是父母的复制品。

我们自己的小孩，如果我们自己不挺，期待将来谁来挺？
我们自己不支持，期待将来谁来支持？
我们自己不理解，期待将来谁来理解？
我们自己不爱，期待将来谁来爱？
我们自己的小孩，我们自己挺、自己支持、自己理解、自己爱！

但要特别注意"爱"的定义：有条件的爱不是爱，期望孩子依父母的意志发展不是爱，而是控制。爱不是投资生意。真正的爱不求回馈，是无条件的给予！

愿全天下的父母，都能让孩子有机会成为他自己，把孩子培养成天才！走出属于自己的人生之路，到达智慧彼岸。
重要的话再强调一遍——**每个小孩都是天才，只是妈妈不知道**！
愿天下父母都能给自己的孩子一个机会，帮助他成为最好的自己，那么他们便会厉害一百倍，让你们刮目相看！

蔡志忠
2020 年 4 月 27 日　杭州

每個小孩都是天才
只是……媽媽不知道！

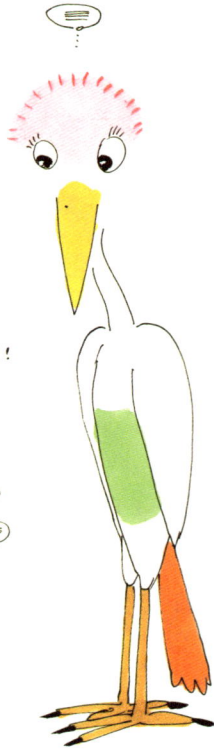

序言二

从内打破的鸡蛋

我最喜欢的一句话——"人生最重要的两天是出生的那一天，和明白自己将来要成为什么的那一天。"这是那天蔡志忠老师跟我说的。

2019 年端午，杭州。

西溪湿地，蔡志忠工作室。

这是一座被绿树掩映的二层别墅，门口矗立着一尊半人高的石佛。我按下门铃，一位白衣飘飘的老者打开门，带我走进宽敞的房间。目测别墅的一层大厅有 100 多平方米，进门处一幅巨大的《般若波罗蜜多心经》映入眼帘，还有几幅充满佛学禅宗味道的画作装点各处，房间的中央摆着一张 3 米左右的长桌，上面密密麻麻地立着几十尊佛像。

大厅的尽头是一个房间，有五六十平方米的样子，书架占据了一整面墙，上面整齐地摆放着蔡志忠被 49 个国家和地区出版的作品，另一面墙的架子上则陈列着包括金马奖在内的大大小小的奖杯。窗边的位置被一张中式木床和书桌隔了出来，蔡老师说这里就是他的卧室，工作、睡觉都在这里，面积不超过4平方米。

坐定后，蔡老师为我端来一杯咖啡，他一天要喝30多杯。

在接下来的几天，我每天朝九来，晚九走，一头扎进与房子主人的对话中，感觉像一口气看完了10部传记电影，因为蔡志忠说他过了普通人十辈子的人生。

从第二次世界大战后贫困却自由的童年生活到命运的每一次跌宕转折，从大道至简的人生哲学到各种接地气的方法论……蔡老师用他那温婉的台湾腔娓娓道来。

他像变戏法一样，手中的"道具"一个接着一个地被展示出来：

他时而拿出自己15岁时的漫画手稿，有漫画版的《绝代双骄》、广告招贴画、报纸专栏的栏花，每一幅都精雕细琢；

时而找来一本纸张已经发黄变脆的《蔡宗族谱》，回忆起童年在台湾乡下与父母、兄弟姐妹之间的点滴往事；

时而展示起世界各大报纸杂志对他的采访报道，他说这是向别人介绍自己的"简历"；

时而翻开花费10年心血研究物理学的笔记，给我讲起宇宙的运行，并说终有一天有人会向世人证明爱因斯坦的相对论是错的；

时而拿出一副扑克牌开始变起了魔术，他说自己上了很多赌场的黑名单；

时而请出一座一尺高的铜佛，告诉我这比北京的房子还贵很多，还说自己死后会葬在少林寺，临终前一周要在西溪湿地办一场60人的大party……

让我有些惊讶的是，不管是什么东西，即使是我们谈话时无意间提到的，这位古稀之年的老者都能在 3 秒钟之内"变"出来，他说自己的大脑有很多个抽屉，什么东西在哪个抽屉里，早已烂熟于心。他还整理了一个巨大的数据库，各种文字、图片、视频素材，无论想要哪个都能信手拈来。

听完他的故事，我告诉自己：他的成就绝非偶然。

"李虹，不如我们来写本书吧……让我们为苦难的孩子们而写，为他们找出一条出路，寻回自信，规划自己的人生蓝图。"

此时，新浪扬帆公益基金蔡志忠文化传承委员会正在筹备为偏远地区孩子的公益活动，蔡老师希望自己的人生故事和做事方法能对当下迷茫、困顿的青年有所借鉴和启发，尤其是贫困地区的孩子，愿他们能够尽早发现自己的兴趣和优势，点亮人生。

于我而言，蔡老师的邀约是一种极大的肯定与信任。

这就是此书的缘起。

需要特别指出的是，这本书不是蔡志忠老师的自传，而是他这一生宝贵经验的梳理与总结，我称之为"蔡志忠人生十讲"。

它更是一本可以自学成才的"武功秘籍"。

只是，要想真的读懂，需要你打通任督二脉，从内而外地打破自己。

正如一位智者所说——**鸡蛋，从外打破是食物，从内打破是生命。**

人生亦然，从外打破是压力，从内打破是成长。如果你等待别人打破你，那么你注定成为别人的食物；如果能让自己从内打破，那么你会发现自己的成长相当于重生。

决决　绘（7岁）

不用手机，没有手表，一天只吃一两顿饭，不过是一碗清粥一块腐乳，蔡老师说自己达到了一种"不累、不饿、不困、不病、不死"的状态。

"人只有一辈子，我们只能活一次，每个人都应该把自己的一生活得很精彩。生命的至乐不是享受美食，不是度假旅游，不是奋斗之后的功成名就……而是制心于一处、制身于一境，完成自己的梦想。"每天从凌晨1点工作到晚上9点，蔡老师却说："我一生从没工作过，唯有完成梦想的享受。"

写这本书的过程也是我实践"蔡氏方法论"的过程。这期间，我发现自己的心像是一个相机的镜头，对准拍摄对象，无限聚焦，也逐渐体会到蔡老师说的那种制心于一处、追求极致的境界。

"你的心只有向无限深处投入，让内心的热情燃烧，才会抵达成就的临界点。而当一个人全身心地进入焦点，便会发现时间

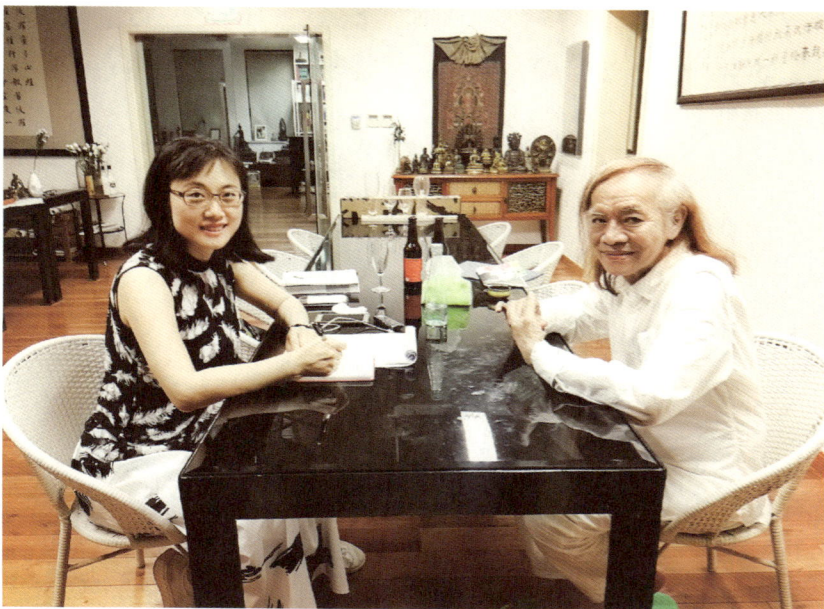

本书作者在杭州采访蔡志忠

是不存在的。一分钟犹如一天，一天长如一年。”

人生其实很简单，将自己最拿手、最喜欢的事做到极致，那你一定会成功！

最后，特别要感谢蔡志忠老师对我的悉心指导，大到为人处世的原则、生活的哲学与艺术、修身养性的方法，小到写作的技巧、画画的诀窍，方方面面，教会了我太多太多……从他身上，我看到一位大师的格局与厚度。

更重要的是，蔡老师对我的无限信任和鼓励，让我重新认识了一个不一样的自己。

很喜欢泰戈尔的一首诗——《用生命影响生命》：

把自己活成一道光，

因为你不知道，

谁会借着你的光，

走出了黑暗。

请保持心中的善良，

因为你不知道，

谁会借着你的善良，

走出了绝望。

请保持你心中的信仰，

因为你不知道，

谁会借着你的信仰，

走出了迷茫。

请相信自己的力量，

因为你不知道，

谁会因为相信你，

开始相信了自己……

"其实每个人都能厉害一百倍，只是自己不相信！"这句话蔡老师对我说过很多遍，今天，我也想告诉你——相信自己，做自己喜欢的事情，过自己想过的生活，把朴素的生活过得独特而精彩，只有听从内心的声音，才能找到那片属于自己的天空。

是的，我的人生我做主，我命由我不由天！

还要特别感谢蔡老师的助理——善良可爱的刘继蕊老师。

感谢我的父母、先生和女儿，是你们无条件的爱让我走得更远。

李虹

2020 年 3 月 20 日　于北京

第 **1** 讲

蔡志忠，何许人也？

漫画家、哲学家、科学家、作家、收藏家、桥牌专家……蔡志忠身上有太多的标签，以至很难用简单的一两个身份去定义他。

　　作为世界顶级的漫画家之一，蔡志忠不但精通漫画、动画、道家思想、禅宗佛学，还具有世界顶级的桥牌水平（亚洲杯冠军），而且还精通数学和物理，并称能够用 101 种方法证明爱因斯坦的相对论是错误的。而其中领域跨度之大，让人惊叹不已。

　　难怪蔡志忠的好朋友、中国台湾剧作家焦雄屏开玩笑说："真应该切开他的脑袋，看看里面是什么结构，怎么可以一面物理、数学的逻辑那么好，一面又是禅宗、漫画，还兼具诗性与幽默。"

　　蔡志忠说自己过了别人十辈子的人生：

　　1948 年，出生在中国台湾彰化县花坛乡，一出生就受洗为天主教徒。

　　1 岁，开始听《圣经》故事。

　　3 岁半，开始思考人生的目标。

　　4 岁半，找到人生目标，决定要画一辈子画。

　　9 岁，立志成为漫画家。

15 岁，初二辍学，孤身一人赴台北成为职业漫画作者。

23 岁，进入电视台当电视美术设计。

24 岁，自学动画设计和制作，进军动画领域。

29 岁，创立远东卡通、龙卡通动画公司，拍摄动画广告影片，制作《杜子春》《七彩卡通老夫子》《乌龙院》等动画电影，其中《七彩卡通老夫子》创中国台湾有史以来电影最高票房纪录，并荣获 1981 年金马奖最佳卡通影片。

36 岁，获选中国台湾十大杰出青年。

同年结束动画公司，只身到日本东京四年，创作《漫画庄子说》《漫画老子说》《漫画禅说》等"漫画诸子百家"系列 40 多本。该系列出版之后，迅速成为中国台湾畅销书第一名，被全球 49 个国家和地区出版，全球总销量超过 4000 万册。

42 岁，全家移民加拿大温哥华。

43 岁，回中国台湾画《漫画佛经》。

50 岁，闭关 10 年研究物理、数学，出版《东方宇宙》《时间之歌》《宇宙公式》等 10 年物理研究心得。

51 岁，因为特殊文化贡献，荣获教育功劳奖、世界文化传播奖、文化杰出亚洲人荷兰克劳尔亲王奖。1999 年 12 月 8 日获得荷兰克劳斯王子基金会颁奖，表彰他"通过漫画将中国传统哲学与文学做出了史无前例的再创造"。

61 岁，入住杭州，并被评为 2009 年度文化人物时尚先生。

63 岁，获得"金漫奖"终身成就奖。

蔡志忠一生只做自己喜欢的事，并把它做到极致。

他就像是一个不按常规套路出牌的小孩，在一条条轨道上叛逆。

第一次大的叛逆是离开学校。20世纪60年代，中国台湾漫画盛行，那时的蔡志忠一边上着课，一边照着这些漫画在课本空白处涂鸦。他每天不停地画，还把作品自订成册供同学浏览。初二时，他将自己的作品寄给台北一家出版社，暑假时便得到了聘任通知。做出决定那天，他对着正在看报的父亲说："爸爸，我明天要到台北去画漫画。"父亲说："找到工作了吗？""找到了。""那就去吧！"

短短几句话改变了这个少年的一生。蔡志忠拎着一只皮箱坐上了从彰化去台北的车。没几年便凭借《大醉侠》等作品在中国台湾崭露头角。

20世纪70年代，他转战动画行业。成立了自己的动画公司，拍摄多部作品，其中《七彩卡通老夫子》获1981年金马奖最佳卡通片奖，并在很长一段时间保持中国台湾电影票房的最高纪录。

现在回忆那段岁月，蔡志忠感慨："三毛初二退学开始游历写作，李敖上高三就休学，滚石老板高中就出唱片，古龙大一就开始写作，那时真是幸福的时代，每个人都可以白手起家。"

36岁时，蔡志忠已出了200本漫画书，有3栋房子，860万台币的存款——那一年他悟通了财富的意义，从此他决定不再切割自己的生命，而是把后半生批发给自己。

他出人意料地关闭了动画公司，到日本闭关 4 年。再次出现时，他呈现给世人的是一整套"漫画诸子百家"系列。这些作品，曾令三毛感慨："蔡志忠的智慧，使视古人如畏途的这一代中国人，找到了他们精神的享受和心灵的净化。"

　　在日本的 4 年是他一生中最快乐的两段日子之一，另一段则是闭关 10 年研究物理、数学。

　　1998 年，蔡志忠在香港红磡酒店，早上 6 点钟往外看海。"我突然想，假设海平面等于零，那窗外那些空间怎么处理？"这个问题引出的是另一个答案："我开始决定研究物理。"

　　那年，蔡志忠 50 岁，似乎比他 15 岁时更疯狂。从 1999 年到 2009 年，10 年间蔡志忠很少出门，沉浸在物理、数学的世界中乐此不疲。

　　"禅宗的五祖弘忍说过：'制心于一处，无事不办。'我学会动画和桥牌都只用了 3 个月。其实每个人都可以厉害 100 倍，只是自己不相信。"

　　蔡志忠 36 岁写好遗嘱，他说自己的墓志铭上要写上一句话："叛逆是最伟大的创意。"

　　他从不把世人的道德标准视为必然的道德标准，不把世人的价值观视为唯一的价值观。小时候，父亲在家看报纸，看着看着会突然把报纸一扔，大骂"报纸乱写"，有时候还会骂"教科书乱写""历史书乱写"。所以从小蔡志忠就不迷信权威，白纸黑字对他来说不是真理。就像法师所说的："不要因为出自圣典而相信；不要因为出自名人而相信；不要因为合乎传统而相信；不要因为老师所说而相信——未经试验就相信是迷信，经过试验后相信才是真信。"

有很多大学邀请蔡志忠演讲，他上台第一句话就是："家长和老师都说只要努力就会成功，那是骗你们的啦！"同学们很惊诧，老师们很紧张。

蔡志忠认为最好的教育是大人们把自己的价值观放在一旁，只是在孩子头脑中建立起一个无所不能的数据库，让他们自己去尽快寻找到终生最热爱的事情，不断做下去。

他没有手机，不戴手表，数十年如一日，从夜半1时到中午2点，专心凝神地思考、读书、创作，而且"日食一餐"，一件衣服穿十几年，对他而言，吃饭、穿衣都只是尽生而为人的义务而已。

他曾经创下在椅子上一坐就是58个钟头、连续42天没有走出大门的纪录。那种绝对专注、深沉"就像照相的时候，把景深调得很浅，只聚焦在一朵花的花蕊"时的状态。

在蔡志忠看来，这世上只有不想做的事，没有做不成的事，你也同样可以。

第2讲

塑造命运的是我们自己

塑造命运的不是神，

而是我们自己。

——苏格拉底

在被问到是否相信命运的安排时，蔡志忠脸上显现出动画电影《哪吒之魔童降世》中的哪吒一样的表情："去他的命运，我命由我不由天！"

命运不写在脸上，

命运不写在掌上，

命运不写在痣上，

命运不写在星相上，

命运写在每个人的心上！

每个人掌握自己的命运，

每个人走出自己的人生之道。

蔡志忠出生于贫穷的乡下，没有家世、没有学历文凭、没有显赫背景，又出生于百废待举的第二次世界大战后。对蔡志忠而言，他唯一拥有的只是自己的小小梦想，梦想有朝一日能成为当时并不怎么令人羡慕期待、令人看得起的小小漫画家。

在那个物资匮乏的年代，大家都来不及长大，谁都没有背景与家庭支援，每个人都知道：一切都要靠自己，亲自主导自己的未来。

在蔡志忠位于杭州的家里，有一本用公文纸装订的册子，纸张已经发黄、变脆，封面上写着四个毛笔字——蔡宗族谱，字迹苍劲有力、丰润饱满。纸张的边上印着几个红色繁体字"彰化县花坛乡村办公所"，每页还有一行红色小字"实行节约 努力生产"。

这是蔡志忠的父亲抄录的蔡家族谱。"我们这一支蔡氏家族，在台湾已繁衍300多年了。"

《蔡宗族谱》

蔡家原籍福建泉州。康熙年间，长山祖公蔡乞渡海抵达中国台湾，中间历经四代，到蔡志忠的父亲蔡长时，算是在台的第六代。经过300余年，先祖们开疆辟土的事迹已模糊淡远，不过整个家族的传承，家谱上都记载得清清楚楚。

《蔡宗族谱》内页是用钢笔字写的，字迹非常工整，就连"传承图"上的横直线条，也用尺子画得笔直。起落之间可以想象得出蔡爸爸下笔时恭谨慎重的心。

一棵自由伸展的小树

每个孩子都是一首诗，

但愿随着成长，也要永葆诗的气质。

1948年2月2日，也就是第二次世界大战结束后第3年，蔡志忠出生于中国台湾彰化县花坛乡，花坛乡有一棵很高很大的茄冬树，所以花坛又称为"茄冬下"，蔡志忠称自己是"茄冬下的男孩"。

花坛的地理环境十分特别，漫山遍野都是红色土壤，没有半粒石头掺杂。这种土质最适合制砖，所以烧窑制砖的人家特别多，中国台湾一半以上的红砖由这里生产。错落在青峦之间，红褐高耸的烟囱也成为花坛特殊的景观。蔡家属于三家春，这是个百余户的中型村落，民风淳朴亲切。

那时的中国台湾经济条件普遍不好，生活物资匮乏。最穷的是没有田地的人家，只好四处为人打零工来求得暂时的温饱。家境好一些的人家，则拥有旱田或山地。旱田可以种花生、甘薯等副食品，山地原本就杂生了果树，果实成熟后可以去采收，有龙眼、橄榄之类。拥有水田的人家是景况最好的，毕竟那时的人们以大米为主食，好米换钱，质量差一些的米留下来供自家食用，至少解决了吃饭问题。蔡家的家境不算宽裕，但因为蔡爸爸在公家单位工作，每个月除了有一笔固定收入，还有块旱田，种点甘薯、花生，补充食物的不足，生活也还算过得去。

蔡志忠的父母一共生了11个孩子，由于第二次世界大战时期物资匮乏，缺医少药，加上中国台湾当时流行霍乱、疟疾，孩子只要感染霍乱或疟疾几乎没有生存的可能。在他出生以前，家里已经夭折了4个哥哥、2个姐姐。

小时候的蔡志忠常听父亲说，母亲极力避免到山丘墓园，每逢清明扫墓时，母亲会在墓园哭一整个下午不肯回来。因为眼睁睁看着6个经由她十月怀胎的亲生骨肉离她而去，每一个都曾吃过她的奶，依偎在她的怀里撒娇……如此6次重大的打击对于一个母亲意味着什么，这是普通人难以想象的。

蔡志忠曾在他的自传中这样写道：

我相信：在每个孩子出生时，父母都曾为这个新降临的生命而欢喜、而期待，甚至不由自主地在心中描摹小婴儿无限的未来……然而在那医药缺乏的时代，又偏处乡下，原本这6个小生命应像田间初抽的嫩秧，继续成长，由新绿而成饱满的金黄；可是他们却被猖獗的病魔硬生生拔断生命之茎，使得播种者只能徒然悲叹、无可期待。在一重又一重的打击后，到我踏上人生舞台时，父母已不妄想我扮演最伟大的角色，有最多的戏份发挥，他们只求我能够无灾无事地长大，继续驻留于人生舞台。这是我的幸运——在成长过程中，父母从来不会约束我，希望我这样那样做，告诫我这样不行那样不可。我拥有很大的自由空间，就像一棵自由伸展的小树，在乡下田野间恣意地生根茁壮。

在那时的中国台湾乡下，几乎家家户户都一样，每个小孩生下来就是家里的一分子，生而为主，每个人要为自己的行为负责，不需要受大人管教。每年中秋节前都有人送月饼，小时候的蔡志忠每天回到家就去看书柜里有没有月饼。"终于有一天有一盒月饼，我一定先吃两个，第二天要上学，我又带了两个走，下课回来再把最后两个吃掉。这样十几年，从来没有人问我这个月饼是你吃的吗？"

5岁时他想要去彰化看电影，于是就告诉爸爸"我要去彰化看电影"，而不是问可不可以。当然，他知道自己的任务是一定要赶上白天最后一班车，在天黑以前回家。

平常村里的孩子们都在外面玩，中午蔡妈妈煮完饭就会站在晒谷场边上喊"回家吃饭喽"，然后把餐桌上的菜饭用竹罩盖好，孩子什么时候想吃，打开竹罩自己吃，吃完自己洗碗。小时候的蔡志忠非常贪玩，没玩够就不回家。

经过四伯的小商店时，四伯说："你还不回家？肯定要被处罚，你妈妈半个钟头前就喊吃饭啦！"

他说："哦。"

玩到十字路口，别人又说："你糟糕了，你妈妈一个钟头前就叫你回家吃饭，你还在玩。"

他说"哦"，继续玩。

玩到隔壁家，邻居说："哇，你糟糕了，你妈妈一个半钟头前叫你吃饭，你还在玩。"

他说"哦"。

他玩够了回到家，把竹罩打开，吃完饭再把罩子盖好，从来不曾因为太晚回家吃饭遭受责骂。

蔡志忠说自己的生日很特别，尽管"当日风和日丽，天空毫无异象"，但两年前的同一天，蔡家出生了一个女儿蔡丽华，很可惜几个月后便夭折了。蔡志忠说自己大概还附带了替姐姐在世上活一次的使命。

蔡志忠一生专注的领域非常多，除了漫画、动画，佛学、禅宗、道家思想、中国智慧起源等，他还研究物理、数学，精通桥牌、镏金铜佛收藏等，他说自己活出了普通人几乎十辈子的人生，就像替没机会长大的兄姐们活出他们的一生一样。

小时候的蔡志忠很喜欢看书，也喜欢看电影，他常想象自己是故事的主角人物，想象着王度庐的武侠小说《鹤铁五部曲》中玉娇龙于风雪中骑着白马，把她刚生下的小男婴放在一户人家的门口，而那个小男婴就是他自己。

蔡志忠总认为自己应该有着离奇的身世和背景，他经常想自己其实并不姓蔡，很可能是别人家的小孩，亲生父亲应该是个大将军，会很多武功那种，他长大后要到山上去练武功，打败敌人……

于是他经常不止一次地问母亲："妈妈，我真的是你亲生的吗？"妈妈总慈爱地回答他："傻孩子，你当然是我亲生的。"

其实，他非常希望有一天能从母亲那里得到否定的答案，期

盼着自己的身世有那么一点点特别。但事实是，他一直都是那个茄冬下的平凡男孩。

父亲的毛笔

千万别做乖孩子，

如果你想做独立自主的个人。

——（德国）赫曼·赫塞

1946 年诺贝尔文学奖得主

"我从小就不是一个依世间规矩行事的听话乖宝宝。"蔡志忠如此评价自己。

　　"我父亲自己也不是个听话的乖宝宝，当初在政府单位上班当公务员，必须加入国民党。可是他并不盲目听从国民党的政令倡导。"说起父亲，蔡志忠的脸上充满了敬重之情。

　　蔡志忠的父亲蔡长七八岁时曾跟大哥到一户大户人家当小伙计，后来学记账，12岁返乡才上小学，由于他已经认识汉字也学会了书法，所以六年小学课程三级跳，只花3年时间便毕业了。由于学过做生意，蔡长婚后便自己创业，经营碾米厂和树薯加工厂。

后排最右一位就是9岁的蔡志忠

第二次世界大战后期，工厂所有机器被征收造枪炮，碾米厂与树薯加工厂被迫关闭。战争结束后，作为乡下知识分子的父亲，当过三春小学第一届家长会会长、村干事、乡民代表会秘书。每天早上父亲骑自行车到花坛乡公所上班，下午则变成农夫耕种自家水田。

父亲给蔡志忠最大的影响是教会他两件事：

一是独立思考的能力。

小时候他常常听父亲对别人说："报纸乱写、历史乱写、教科书乱写。"

他不知道到底是父亲乱讲、胡乱批评，还是报纸、历史、教科书真的乱写。但从此以后，他看到任何白纸黑字的事物，不会立刻认为是真理，只会说："我曾经在报纸、历史、课本上看过有这么个说法。"

一切事实必须等到自己亲自证实才信以为真，这使得蔡志忠从小便养成独立思考、独立判断的习惯，而这也成为他后来闭关10年研究物理的原则。

佛陀追寻真理的观念也大致如此。

2500 年前，佛陀对卡拉玛人说：

卡拉玛人啊！

不要因为口耳相传，就信以为真。

不要因为合乎于传统，就信以为真。

不要因为轰动一时流行广远，就信以为真。

不要因为出自圣典，就信以为真。

不要因为合乎逻辑，就信以为真。

不要因为根据哲理，就信以为真。

不要因为符合常识推理，就信以为真。

不要因为合于自己的见解，就信以为真。

不要因为演说者的威信，就信以为真。

不要因为他是你的导师，就信以为真。

佛陀又说：

你们听别人说法，要将所听到的像火试验金一样地去亲自证实，听到而没经过自己亲自证实就相信的叫作迷信，经过自己证实之后才相信的叫作正信。

蔡志忠在他的物理研究《东方宇宙》这本书的扉页上写着：

仅以此书献给我的父亲：蔡长

二是热爱自己的工作，要做就要当第一！

蔡志忠说他的求胜心不是天生的，而是从小看父亲全力以赴地专注用心书写书法所得到的启示。

蔡爸爸是花坛乡书法第一人，"在我们家乡，无论是乡公所、农会、小学或是寺庙等建筑物的大门招牌都是他写的字，然后再请人雕刻制作。平常父亲免费替村民写婚丧喜庆的请柬、对联或书信，春节之前则帮全村写春联。如果有人胆敢请别人写，他会很介意，认为对方不尊敬自己"。

说到这儿，蔡志忠起身去屋里拿出一个"笔筒"，与其说是笔筒，其实就是个废弃的透明玻璃杯，里面插着好几支粗大的毛笔，"这支是我父亲的，这支也是"。有的毛笔笔杆都已经裂开，多处用透明胶布缠裹着，"它们都100多年了"。

蔡志忠展示父亲的毛笔

蔡志忠曾听妈妈说起父亲年轻时练习书法的事，每天中午他顶着大太阳，以砖为纸，以水当墨，拿着毛笔在红砖上练字。被太阳晒烫的砖块一写就干，一砖两面可以写很多遍。一块砖写湿了再拿第二块写，这样几年下来他便成为花坛乡书法第一高手，像极了武侠小说中大侠练成天下无敌盖世武功的情节。

每年春节前一个月，村民便陆陆续续拿红纸、墨水、毛笔来请他写春联，有钱人带一点礼物，还带很多红纸，穷人家只象征性带来几张红纸。蔡爸爸完全不介意，他只是爱写字和希望获得全村村民对他书法的肯定而已。

除夕下午，他一定会把全村的春联写完，好让人家能及时贴上。吃完团圆饭，他便开始书写家训或有意思的箴言，有的送人，有的自己裱好挂在书房或大厅两侧。

蔡志忠说，父亲书写的文章非常像庄子，例如：

有本事生了事，无本事省了事。
生出事来便是无本事，
省了事则是有本事。

这跟庄子"巧者劳而智者忧，无能者无所求。饱食而遨游，泛若不系之舟"的道家无为精神很像。

蔡爸爸从除夕开始写到元宵节之后，才收拾笔墨，结束一个半月的书法工作。蔡志忠说，他从当漫画家开始便学习父亲的精神，每年除夕吃年夜饭之后，他尽可能加班通宵，让一年之计始于除夕，以免春节假期逸放的心难以收回。

蔡爸爸的毛笔

蔡志忠说父亲一辈子生活在困难的年代，没有更好的出路，无法以最喜欢的书法作为自己的职业。但他一生安于贫穷，对人生的体悟有如他自己所写的一篇书法：

天下有二难：登天难，求人更难。

有二苦：黄连苦，贫穷更苦。

人间有二薄：春冰薄，人情更薄。

有二险：江湖险，人心更险。

克其难、安其苦、耐其薄、

测其险，可以处世矣。

蔡志忠画漫画成名之后，每每有村民告诉父亲："在电视上看到你儿子又获奖了。"他知道父亲心里当然很高兴，不过最让父亲高兴的是：儿子能以自己最喜欢、最拿手的漫画作为一生的职业，他无法实现的终生最大的梦想，儿子代替他完成了。

母亲的歌仔戏

母亲那种献身精神、那种专注，灌输给一个男孩的是伟大的自尊，那些从小拥有这种自尊的人将永远不会放弃，而是发展成自信的成年人。你有这种信心，如果再勤奋就可以成功。

——多萝西·埃诺博士，英国心理学家

在蔡志忠的《时间之歌》这本书的扉页上，这样写着：

仅以此书献给我的母亲：蔡余治

从我孩提时，她就背着我于凌晨3点多起床，煮猪食、喂鸡鸭，也因而养成我每天凌晨3点起床的习惯，让我每天都有很长、很长的时间能优雅地思考有关时间的问题。

小时候，蔡志忠家里后院养了很多鸡鸭鹅和好几头猪，因此母亲必须凌晨 3 点多起床，背着还是小婴儿的他煮猪食、调理鸡食。然后喂猪、喂鸡、喂鸭、喂鹅，清晨 5 点还要赶着煮饭，好让一大早到田里巡视稻作、回家准备到乡公所上班的父亲吃早餐。因此直到今天，蔡志忠一直保持每天凌晨 3 点以前起床的作息。

　　父亲很严肃，平常在家里难得讲一句话，所以家里很安静。蔡志忠也因此养成不太说话而爱思考的习惯。但对母亲，他则无话不说，放学回家第一件事就是急着找母亲，跟她报告今天老师说了什么，学校发生了什么新鲜事。

　　如果课堂上老师说了一个《天方夜谭》的故事，他会把整个故事从头到尾跟母亲重述一遍，她边喂鸡鸭，边听儿子回放的神灯故事。有时看她工作太认真不专心听，年幼的蔡志忠还会生气地责怪她没仔细听。

　　母亲没出嫁之前，是家中的大姐，从小就要帮忙照顾妹妹和有残障的弟弟，很有主见。母亲很爱看歌仔戏（福建及台湾的汉族传统戏剧之一），每当两个月一次歌仔戏班巡回到花坛戏院演出时她都要去看，但父亲并不同意。她不像一般乡下妇女遵循三从四德，百分之百听从丈夫的指示，她才不管丈夫生气与否，非要去看一场不可。

　　两个月一次，歌仔戏的锣鼓声打破乡下的平静，歌仔戏公演的广播宣传车到乡下扫街发广告传单时，孩子们总是追着宣传车抢歌仔戏广告戏单，好不容易抢到一张戏单的蔡志忠急忙跑回家告诉妈妈："妈妈！这次是演许仙与白娘子，我们哪一天去看戏？"

迫不及待的母亲一定回答说："明天下午我们去看首映第一场。"

第二天父亲吃过午饭后，母亲急忙洗完碗盘，还来不及把碗盘摆入橱柜，便拉着蔡志忠直奔花坛戏院，伴着"陈三五娘""陈世美与秦香莲""孟丽君"的悲欢离合情节，她总是边看边哭，泪流满面，哭得像亲人过世一般。长期戏剧的熏染也成为蔡志忠日后创作的缘起。

散场后，蔡志忠的主要任务是：先回家打探父亲是否已经从田里回到家里。如果父亲在家，他得偷偷打开厨房后门门闩，轻掩门板，然后再回去告诉躲在稻草团后的母亲，她手捧着事先藏在后院柴堆上方喂鸡鸭的空盆，从厨房后门进屋，假装自己在后院工作了一整个下午。

于是蔡志忠的家里每两个月都会上演一场情节一样的戏码：歌仔戏班到乡下公演十天，母亲偷偷去看一场戏，父亲臭着脸一个星期。

其实父亲心里明白得很，他早知道只要有歌仔戏班到花坛演出，母亲一定不计一切后果去看戏。宁愿忍受父亲生气一整个星期，她也要到戏台前过过戏瘾，只要一听到歌仔戏的锣鼓声响起，母亲便无法平静安心地做家事，得先去看完一场歌仔戏，让平凡清淡的乡下生活变得精彩炫丽。但她还是很克制自己，也像跟父亲的默契，每次歌仔戏班来花坛公演十天，她只去看一次下午场，蔡志忠知道如果父亲不反对，母亲一定日场、夜场连看 10 天 20 场戏。

小时候蔡志忠很不能理解："既然母亲那么爱看戏，为何父亲会那么反对？"后来他想清楚了："在贫困的农村，父亲不能谅解自己辛苦地在田里工作时，而母亲不做家事，还花钱买票去看戏。"

蔡志忠说他的好胜心来自全乡书法第一的父亲，但他的成长与个性形成，大都来自母亲。永远不责骂自己的孩子，绝不跟自己的孩子说"不"，还有就是"擅于沉迷于自己所喜欢的事物，横眉冷对千夫指，不理会世间的价值观和别人的看法，随着心中想法而行为"。

15 岁时，蔡志忠离家到台北工作，有时会突然想家。但每当想家时大脑里的第一个画面绝对是母亲慈祥的笑容，他突然明白了一个真理：

母亲就是孩子的家，
母亲在哪里，
家就在哪里。
母亲就是孩子的寂静彼岸！

在母亲的怀抱里，心无挂碍、无有恐怖、身心安顿、远离颠倒梦想，得究竟涅槃。

第**3**讲

人生很短，及早发现自己

人生就像一本书，傻瓜们走马观花似的随手翻阅它，聪明的人用心阅读它，因为他知道这本书只能读一次。

高考状元的"空心病"

人一出生就老得足够去死了。

——马丁·海德格尔，德国哲学家

我们打开门走出去，都清楚地知道自己要去哪里。而人生这么重要的旅程，有谁从一开始便清楚地知道自己的目的地？大多数人都只是跟随大家一起走，就好像开车上了高速公路，生怕别人超过自己，于是不断加足马力，不停地追赶，然而开了大半辈子，竟然不知道自己要去哪里。

专注于大学生心理研究的北京大学心理学教授徐凯文曾做过这样一个统计：北大一年级的新生，包括本科生和研究生，其中有 30.4% 的学生厌恶学习，或者认为学习没有意义；还有 40.4%

的学生认为活着没有意义，现在活着只是按照别人的逻辑这样活下去而已，其中最极端的表现就是放弃自己。

他们得了"空心病"。

所谓"空心病"，就是价值观缺失导致部分大学生心理障碍，表现为："我不知道我是谁""我不知道我要到哪儿去""我的自我在哪里""我觉得我从来都没有来过这个世界""我过去的十几二十年好像都是在为别人活着""我不知道我要成为什么样的人"。对人生意义的迷茫导致很多人甚至要自杀。

徐凯文曾在国外时接到一位学生的微信，上面写着"我现在手里有一瓶神奇的药水，不知道滋味如何"。很明显，这是一个有自杀倾向的学生，徐教授赶紧回复，问他这是什么水，这个学生说是氰化钾，十秒钟致命。经过徐教授的心理干预，这个孩子终于被救回来了，而他是一个非常优秀的学生。

有个高考状元说，他感觉自己在一个四分五裂的小岛上，不知道自己在干什么，要得到什么样的东西，会时不时感觉到恐惧。19年来，他从来没有为自己活过，也从来没有活过，所以他会轻易地放弃自己的生命。

这些在高考战场上千军万马杀出来的赢家，生活优渥，个人条件优越，却感到内心空洞，就像漂泊在茫茫大海上的孤岛一样，感觉不到生命的意义和活着的动力，甚至找不到自己……之所以迷失自我，是因为从来没有想过自己是谁，人生之路通向何方，更没有找到生活的目标和意义，甚至于毫不珍惜自己的生命。

明朝无异元来禅师说："每个人出生之后，要疑生从何来？死向何方？"

套用西方的讲法，就是每个人在人生一开始，便要自问：

我是谁？

我从哪里来？

我要去哪里？

我们只有一辈子，

我们只能活一次，

生命无法重新来过。

生命不是用来换取权势名位而已。

每个人的一生更应该思考：我来这辈子到底是为了什么？想清楚之后便知道自己真正要的是什么，知道自己该怎么活。

人有三个阶段：

起初，他崇拜文凭、地位、权势、财富。

后来，他思考自己此生的意义。

最后，他找到人生的目的，活出自己！

于是他已经从第一阶段，进入最后阶段。

"一辈子很短，有限的六七十年该做些什么？"对生命的思考，促使我们不断前进。

很多人认为自己还年轻，认为年轻就是资本，任意挥洒生命。但是其实仔细算算一年也就365天，一个人也没有那么多日子经得起浪费。我们计算生命的方式都是自始至终，如果采用另一种方法，反过来从终点开始计算，就会非常惧怕时间的流逝。就像有些人被检查出绝症后才开始享受生活，发现自己一辈子没有真正快乐地活过，临了追悔莫及。

有想法就得去实现，趁年轻就得追求，不要等到最后才来体会生命的甘甜。

《圣经》成为早教启蒙

蔡志忠3岁半时，开始思考自己的人生走向，整整思考了一年。

直到4岁半的一天，他从一块小黑板上找到自己的人生之路，那就是："我会画画，我爱画画，只要饿不死，我便要画一辈子。"

可是当时没有画画这个行业，最接近他理想的就是画电影招牌。9岁时，中国台湾开始流行漫画，就这样，他立志要当漫画家。不过他知道，漫画只是一种语言，只是一种表达手法而已。

对蔡志忠而言，一所乡间的小教堂是改变命运的缘起。

17世纪初叶，西班牙和葡萄牙船队经过中国台湾海峡时发现了这个美丽的小岛。

当时便有西班牙神父到中国台湾传教，但由于中国台湾老百姓崇拜民间信仰，人人都信仰妈祖、土地公、城隍爷、三太子，因此神父们在台湾传教并不顺利。

第二次世界大战结束后，美国神父来到中国台湾传教，并带来了大量物资，教堂每个月发放牛油、奶粉、玉米粉等物资，使他们在中国台湾的传教获得很大的进展。

那时候，彰化市都还没有教堂，蔡志忠家旁边有一座新盖小教堂，突兀地矗立于乡下，被当成一件很怪的事。

故事起源于一位一心想改行当天主教传教士的老裁缝师，他的名字叫叶举。家住田中的叶举是天主教老教友，他想改行当传教士。员林教堂柯神父允诺他，如果你能招募10户人家改信天主教就可以。

由于叶举脸皮薄，不好意思在家乡传教，蔡志忠的父亲是花坛乡民代表会秘书，跟叶举是好朋友，因此叶举选择到三家春传教。

在村民都是神道信仰的时代，外来的天主教很不容易推行。物资缺乏的穷困农村，确实有几户穷人家为了每个月发放面粉改信天主教。

叶举白天在村子里艰难地传教，晚上常到蔡家喝茶聊天，跟蔡爸爸述说在村子里传教的种种困难："陈家已经受洗改信天主教，张家正在考虑中，还没决定。"

叶举好不容易说动9户人家改信天主教，蔡爸爸为了帮助朋友，义气相挺，决定成为第十户。

就这样，蔡志忠出生那年，一栋种满仙丹花、铁树、圣诞红和各种奇花异卉的外国庭院的小教堂，就在村子彰化客运车站前盖好了，叶举成为小教堂的传教士。

蔡爸爸是个无神论者，不信鬼神，他从不念《圣经》、不进教堂，答应信教只是义气相助。蔡妈妈则是把天主当成一般的观音妈祖神祇崇拜，她认为信什么都一样。念经、望弥撒、领圣体越多，祈祷越久，天主保佑就越多。

蔡志忠说，蔡家信仰天主教，获益最大的人就是自己。

蔡志忠一出生就受洗，6岁的二哥每天早上抱着只有1岁的他到道理厅和20多个教友小孩一起上课，每天早上9点上到中午12点从不间断。1岁小孩虽然还不会说话，但天天听，听久了还是能慢慢明白。

他依稀记得最期待下课休息10分钟时，叶传教士分发给每位小朋友一颗米酒浸泡的超大红肉李子，甜甜的还带着酒味，那种特别的滋味至今令他怀念。

叶传教士每天教他们读《圣经》、唱圣歌、背诵经文，从创世纪讲到耶稣受难被钉十字架到复活为止。

3岁半时，蔡志忠已经会背诵《天主经》《圣母经》《玫瑰经》等多篇经文，也学会忏悔祈祷，进教堂望弥撒、办告解、唱圣歌、领圣体等标准天主教信徒应该会的一切基本要求。更重要的是，3岁多的他小脑袋里就装了100~1000个《圣经》故事。

"《圣经》中的历史、神话就是我的早教启蒙，这对我的一生非常重要。"蔡志忠说道。

4 岁半找到人生之路

要成为正式教友，必须读完整部《圣经》，学会背诵经文、办告解、望弥撒、唱圣歌、领圣体等一切上教堂的仪轨。通过主教当面口试的坚贞礼后，主教会发一串十字架念珠当信物，才算是真正的天主教徒。

蔡志忠 3 岁半通过主教口试坚贞礼，正式成为教友。当时他的大脑里有 100~1000 个《圣经》故事，有 50~100 位厉害的人物。每位《圣经》人物都有自己的一套绝技，例如：挪亚会制造超大方舟，摩西能将拐杖变成大蛇，耶稣有超能力，能以 2 条鱼 5 张饼喂饱 3000 个信徒，也能施展超能力，让盲人重见光明、令瘸子走路。而他却发现自己什么都不会。

要知道，那个年代村子里小孩个个都知道自己将来要做什么：铁匠的儿子三四岁就帮大人拉火炉风箱，拉牛车的儿子已经在帮家里放牛，农夫的儿子早早在田里帮忙，3 岁半的小姐姐已经背着一岁半的小妹妹了……

似乎只有蔡志忠不知道自己将来可以做什么。由于身材十分瘦小，妈妈经常半开玩笑地对这个小儿子说："你这么瘦弱，肩不能挑，手不能提，将来恐怕只能背个竹篮子到马路捡牛粪。"

他总是略带生气地回答："我才不要捡牛粪，我才不要捡牛粪。"

当时在中国台湾乡下，那些没有生活能力的断手瘸腿残障者在路上以捡牛粪为业，蔡志忠不肯去捡牛粪，但也不知道自己将来可以做什么，这一度令他非常苦恼。

于是从 3 岁半开始，他便不停地思考自己的未来。

思则睿，睿作圣。

——周敦颐，北宋哲学家

白天，蔡志忠常常躲在父亲的书桌下思考，又怕家里人以为自己神经不正常，还把凳子抽回去。晚上藏在被窝里思考。

春夏秋冬，整整一年他都在想，想知道自己将来可以做什么，会什么，能成为什么。

4 岁半时，父亲送给他一块小黑板。这块小黑板和如今常见的木质黑板不同，是由一片磨平的灰色石板、四周再镶上木头边做成的。画笔也是一截石头，写在石板上的颜色是白色，可以用布擦掉。

蔡志忠从小就不太喜欢和同龄人玩，然而那时还未上学，也没

有特别的事可做，所以他常觉得生活很无趣。可是自从得到这块小黑板后，遮住多彩世界的帷幕似乎唰的一下子被拉开了，他的心也被一波又一波的惊喜所充满：原来绘画的世界这么宽阔，脑中构思的线条图案，透过这支石笔表露出来的过程，又是多么有趣多变。

小黑板成了他抒发情绪的主要渠道，点缀生活的最大法宝，也是驱使他走上漫画这条路的原动力。通过这块小黑板，他找到了自己的人生之路。

他发现自己有画画的天赋，他很会画，很爱画，也画得很好。于是便立下志向："只要不饿死，我要一生一世永远画下去，一直画到老、画到死为止。"

但是当时并没有画家这个职业，比较接近的工作是画电影招牌。4岁半的蔡志忠笃定地告诉自己："长大后，我要画电影广告招牌！"

9岁立志当漫画家

1957年，蔡志忠9岁，读小学三年级，这一年发生了很多事，也是他一生中重要的一年。

这一年，村子里新开了一家杂货店，店内墙上挂了好几本漫画，小朋友只要付一毛钱便可以抽奖。这是他第一次看到中国台湾本地出版的漫画书。隔几个星期他到教堂望弥撒时，才发现到处都有街头漫画出租摊，通常漫画出租摊都摆着简易书架，上面摆满了各种漫画杂志，看一本漫画要花两毛钱，旁边的小凳子则永远坐满了看漫画书的小朋友。

此时的台湾席卷起一股漫画风潮，《漫画大王》《漫画周刊》《学友》《模范少年》等漫画周刊大受欢迎。诸葛四郎、阿三哥大婶婆、义侠黑头巾、吕四娘、孟丽君、小侠龙卷风、仇断大别山等很多漫画主角人物成为孩子们心中的偶像，蔡志忠当然也是漫画的超级粉丝。

这一年，漫画迷蔡志忠改变了原来画电影招牌的梦想，他决定长大后要成为一名职业漫画家。当时所出版的漫画都是原创，没有日本少男少女漫画风，也没有模仿超人、蜘蛛侠的美国风格。

立志当职业漫画家的蔡志忠利用一切可以画漫画的时间，不分场合，纸上、墙上、书上都成了他创作的地点，就连学校的课本也没能"幸免"——课本空白的地方被他画满了各种漫画人物，他还在每一页的左右下角画简单人物连续动作，快速翻阅时就变成动态卡通。上自习课的时候，老师有时从后面走过来，他经常吓得手忙脚乱，因为书上几乎已经找不到没画漫画的空白页。

蔡志忠至今记得当时最爱看的除了《农友月刊》里杨英风的农家漫画，最喜欢的杂志是《侦探》《小说侦探》两本月刊，每当拿到书时，他会先看配有插图的那几篇小说，当时还差一点儿将志向由当漫画家变为当侦探，因为他常常在看侦探故事发展到一半时，便能猜出凶手和故事的后续发展与结局。但考虑到自己又瘦又小，拳头不够硬，不能跟坏人打架，没有能力制服凶手，当侦探的梦就烟消云散。他也自己编故事，也常将自己所编的故事讲给妈妈听。

天才不是天生的

每个孩子都是天才，只是妈妈不知道！

每个人都能厉害一百倍，只是自己不相信！

——蔡志忠

天才不是天生，而是后天养成的。天才总是起步很早，在还没出生之前就展开他的天才之旅。每个小孩都具备天才的条件，只是要及早将他的才华开发出来。

蔡志忠的大哥从小是个听话又认真念书的乖宝宝，高中毕业后一生都在高雄电信局上班。二哥从小爱玩，长大后在菜市场卖鸭肉，大姐18岁时便嫁作商人妇，妹妹是普通的家庭妇女。而蔡志忠称自己的智商超过200，是全家最聪明的小孩。

为何同一对父母所生的孩子，智商会相差这么大？这也是蔡志忠常常思考的问题，细想他的一生或许能明白其中关键。

他认为智商不是来自父母，而是3岁半之前就听了1000个故事，引发自发性思考才变聪明。

美国物理学家理查德·费曼很小的时候，父亲经常带他到森林散步，并且一边走一边跟费曼介绍每一朵云、每一棵树、每一棵花草以及每一只小鸟的名字，于是费曼从小就对大自然充满了好奇。

后来，费曼长大一点，父亲就教他数火柴盒，并告诉费曼说："每4个蓝火柴盒后面放一个红火柴盒，只要数红火柴盒，再乘以5，就是总数。"

费曼很小就发现了数学之美，对数学、物理充满兴趣，长大后他被认为是继爱因斯坦之后最睿智的理论物理学家，也是第一位提出纳米概念的人，后来成为1965年诺贝尔物理学奖得主。

1818 年，德国牧师卡尔·威特说："让孩子听故事可以锻炼小孩的记忆力、启发想象、扩展知识。传授知识，用讲故事的形式容易记住。运用讲故事的方法教育孩子是最有效的。"

智商不是天生的，智商是生下来以后再灌进大脑的。而负责为子女重新灌进软件，最关键的人物是父母亲。在 3 岁半之前，在孩子的大脑输入 1000 个故事，必能提升他们的想象力和对世界的认知。

每個人都能學會100傳
又是... 自己不相信!

黄老师的一席话

世界上最大的事情，

莫过于知道如何将自己给予自己。

——米歇尔·德·蒙田，法国作家、思想家

蔡志忠小学阶段是个品学兼优的学生。他参加初中联考时，是全校唯一考取省立彰中的毕业生，是全村的骄傲。当时看来，他继续读完高中、大学是顺理成章的。但是初中一位老师的一席话让蔡志忠彻底改变了人生轨迹。

初中二年级的班主任名叫黄界原，是一位刚从师范大学毕业的年轻老师。

第一堂课，黄老师走进教室一句话也没说，便在黑板上写了一句话："老黄卖田，给孩子念书。"

但他又马上将字擦掉，然后有感而发地对班上学生说："读书并不是人生唯一的道路，也不是每个人都能从读书中获得好处。我父亲辛辛苦苦供养我到大学毕业，现在当老师一个月薪水才638元。而我有个同学只念到小学，在台北龙山寺旁开水果店，一天就能赚300元。每个人现在就要思考将来要干什么？当你已经决定了自己的人生之路，现在就可以开始做了，千万别等到念完所有的书，大学毕业后才去做！"

黄老师的话像是在对差学校的学生说的，对蔡志忠所在的中国台湾中部一流学府——省立彰中的学生说这种论调确实有些奇怪。虽然黄老师以赚钱多寡来衡量成就的说法，蔡志忠并不十分认同，但他鼓励学生及早寻找自己的人生之路，给了蔡志忠很大启发："我可以现在就开始画漫画，不用等到初中毕业呀！"

黄老师的这番话让蔡志忠下定决心：只要有机会成为职业漫画家，便不惜一切代价去实现自己的梦想。

于是，他开始为自己的未来着手准备。过去他所画的都只是实习作品，此后他便以职业漫画家的标准来画漫画。例如：使用正确的漫画稿纸、蘸水笔、鸭嘴笔，用铅笔在漫画稿纸四周写漫画对白。当他第一次将四页漫画寄给台北漫画出版社投稿时，出版社看了画稿误以为他就是个职业漫画家。

人想成为什么，便要做得像什么！

从人一生下来，人生就已经开始了，没有所谓的实习阶段。人生不是演习，任何时期都是真实人生的实况转播。

相信独一无二的自己

　　每个人的自我都是独一无二、不可重复的，每个人都理应在唯一的一次人生中实现这个自我的价值。

　　　　　　　　　　　　　　　　　　——周国平，中国作家

　　尼采说过，每个人都是一个一次性的奇迹，只要严格地贯彻他的唯一性，他就是美而可观的，就像大自然的每个作品一样新奇而令人难以置信，绝对不会使人厌倦。每个人的自身中都包含着一种具有创造力的独特性，以作为他生存的核心。因此，珍惜这个独特的自我，把它实现出来，是每个人的人生使命。

　　"如果有一件事情是你热爱做的，愿意无偿做一辈子的，那这就是你必须做的职业。"美国脱口秀主持人塔维斯·斯迈雷这样说，"我从小爱说话，聊起来侃侃而谈。有一天，我想既然我如此喜欢说话，为什么不找个说话的职业？最后，我成了一名脱口秀主持人。"

　　人生之道有千千万万条，但命只有一条。如果我们如实找到自己、快乐做自己，努力、毅力、坚持、奋斗这些名词便不存在。

　　"爱唱歌的鸟在唱歌，何曾努力？"一切创造都是想象力与执行力的结合。

　　在蔡志忠身上，你能感到一种满满的自信，甚至有些狂傲，但又不得不承认他有资格为自己的成就感到自豪。他经常对人说，一个人一定要对自己所热爱，所从事的事情充满信心。如果连自己都不热爱自己所从事的事情，如何获得别人的认可和热爱？

居里夫人曾经说过："生活对于任何一位男女都非易事，我们必须有坚韧不拔的精神，最要紧的，还是我们自己要有信心。"必须相信，我们对一件事情具有天赋的才能，并且无论付出什么代价，都要把这件事情完成。当事情结束的时候，你要能够问心无愧地说："我已经尽我所能了。"一个人只要有自信，那么他就能成为他所希望成为的人。

古希腊大哲学家苏格拉底知道自己时日不多，他让自己的得力助手给自己找一位最优秀的传承者。

半年过去了，助手寻访高人，始终没有找到。

临终前，苏格拉底不无遗憾地对助手说：

"我想找的最优秀的传承者就是你呀！只是你不相信自己，才把自己给忽略了。其实，每个人都是最优秀的，差别就在于如何认识自己、如何发掘和重用自己……"

人们常常把自信比作发挥主观能动性的闸门，启动聪明才智的马达，这是很有道理的。确立自信心，要正确评价自己，发现自己的长处，肯定自己的能力。自信不是孤芳自赏，夜郎自大，更不是得意忘形，毫无根据地自以为是和盲目乐观，而是激励自己奋发进取的一种心理素质。它代表一种高昂的斗志、充沛的干劲、迎接生活挑战的乐观情绪，是战胜自己、告别自卑、摆脱烦恼的灵丹妙药。正如美国作家爱默生所说："自信就是成功的第一秘诀。"

俞敏洪在一次公开演讲中说，自己在北大7年，从来不敢追任何女生，也不敢参加任何学术活动。他后来说："关键是如果你不做，这个世界就跟你无缘！我身上有没有谈恋爱的能力呢？有！我第一次追求女生就成功了。我有没有做事情的能力呢？有！我第一次创业就是新东方，就做成了。所以当你的能力被自己否定掉的时候，你在这个世界是做不出事情来的。"很多人在做事之前先否定自己，那永远都不会有迈出成功的第一步。

自己拯救自己才是唯一出路

自信的人不会把自己的命运交给别人，而是牢牢地掌握在自己手里。

蔡志忠曾经对我说过一句话："自信来自自心，别人只能外在加油打气，没办法给你，拯救自己的还得靠自己。"

在现实生活中放弃自己的权利，让别人的意志来决定自己生活的人实在不少。他们把自己上学、择业、婚姻等的选择权托付或交给他人，失去了自我信仰、自我追求，从而也就失去了真正的自我，最后变成了个毫无价值的人。

  成功的人士，共同之处就是在人生的每个阶段，尽量做到完好，不留遗憾。蔡志忠在人生每个阶段都力求极致，所以他才可以自信满满地为自己骄傲。"我们所做的事情都无愧于心、无愧于人，我们为何要谦虚，为何不为这么优秀的自己鼓鼓掌，中国人所缺乏的就是对自己的掌声。"

  如果我们自信能够成功，成功的可能性就会大大增加。如果我们心里认定会失败，就永远不会成功。没有自信，没有目标，就会俯仰由人，一事无成。每个人都会制定一些人生的目标，要实现这些目标，首先必须相信自己能够做到。千万不要让形形色色的雾迷住了我们的眼，不要让我们成为自己的俘虏。

  即使在实现目标的过程中受到挫折，也要记住，困难都是暂时的，只要充分相信自己，终能等到云开雾散的那一天。

英格丽·褒曼被誉为"百年来最伟大的女演员",她是在好莱坞大放光芒的巨星,三次奥斯卡金像奖得主,两次艾美奖及一次托尼奖获得者。她创造了一个又一个令人难忘的银幕形象,以《卡萨布兰卡》中的演出而闻名于世,但很多人并不知道,如此一位成功人士却在年轻时因为否定自己而差点自杀。英格丽·褒曼出生在瑞典,小时候父母双亡,从小寄养在叔叔家里。15岁的时候她因为参加了一出学校排演的戏剧发现了自己的表演天赋,从此爱上了表演。从那以后,她的目标就是成为一名优秀的演员。

　　叔叔认为当演员没出息,经常打击她。英格丽18岁那年,她无意中看到斯德哥尔摩的皇家戏剧学校招生的消息,并勇敢地报考了。

　　英格丽精心准备了一个小品,反复排练。考试时英格丽小心翼翼地表演着自己的小品,但是她发现评委们都在对她指手画脚。她一下子慌了,一分心又忘记了台词。刚演了一半,主席台上的面试官就说:"停!谢谢!你可以下去了,下一个!"

　　英格丽心想肯定没戏了,她于是开始怀疑自己,难道是我压根没有表演天赋?难道是我长得太丑?难道是我的衣服太难看?一时间,她觉得自己一无是处,她大哭一场,心想如此不堪的自己不配活在世上,不如一死了之。走到河边,但是臭味扑鼻的河水实在令她无法忍受,她便离开了。

　　那天晚上,英格丽留下一封遗书,第二天一早她收拾整齐打算去买毒药,打开门却碰到了送信上门的邮差。原来邮差送来了她的录取通知书，她不敢相信这是真的，难道是送错了？于是她跑到学校，找到了面试官。

"你昨天的表现相当出色呀！"考官直截了当地告诉英格丽，"你的表现在所有的考生中是最突出的，你刚表演了几分钟，就让我们非常惊讶，我们之所以在下面纷纷议论，是被你出色的表演所折服。当时，有个评委说这样的姑娘不用再演了，直接录取吧。于是我就让你停下，换下一个上来。"

英格丽听完大吃一惊，她差点儿被自己害死了，如果不是昨天的那条河太臭，她永远不可能知道自己到底有多么优秀。就这样，英格丽顺利地进入戏剧学校并且成为一名演员。她先后出演了《卡萨布兰卡》《爱德华大夫》《东方快车谋杀案》等影片，获得三次奥斯卡金像奖。

多年后，英格丽接受采访的时候说到这件事，她说："这件事给我的启发是，永远不要过早地宣判自己，因为转机随时都有可能发生，一切都有可能改变，一切都有可能是另一个样子。"

靠自己拯救自己才是唯一出路。

很多人都对自己的生活不满意，他们无法找到获取力量的源泉。其实，左右境况的力量就在每一个人的体内。在你身体之中沉睡着的巨人已等着你的召唤。它就是你的自信力。你唯一要做的便是唤醒它，它会除去你身上那些无形的锁链，并告诉你如何使梦想成真。

每一个人都是一颗光明的火种。个人的心理暗示对自己很重要，有的人或许认为这是自欺欺人，但事实上，我们心里都有一个很柔弱的信念。这个信念，如果你相信它就是真的，它就能成就一番大事业；相反，如果你不相信，它就是假的，它就会让你过得很被动，很狼狈。

在一个宁静的夜晚，法国青年亨利独自站在河边，思考着自己三十岁的人生。他感到迷茫和绝望，因为从小在孤儿院长大的他，身材不高，长相平凡，还因为浓重的乡村口音常被同龄人嘲笑，这让他一直很自卑，觉得自己毫无价值。到了三十岁，他既没有家，也没有稳定的工作，生活一片黑暗。

然而，就在这时，他的好友约翰兴奋地跑来告诉他一个惊人的消息：拿破仑有个失散的孙子，与亨利长得一模一样。亨利听到后，仿佛被一股神秘的力量激励，想到了拿破仑虽然身材矮小，却以不屈的精神指挥千军万马，这让他突然觉得自己也充满了力量，连口音都变得高贵起来。

第二天，满怀自信的亨利去了一家大公司应聘。经过二十年的不懈努力，他最终成了这家公司的总裁。虽然后来他知道自己并不是拿破仑的孙子，但这个"谎言"却成了他人生的重要转折点，让他学会了自信，如何在困境中寻找力量，最终成就了自己的非凡人生。

人类经历了那么多战乱和灾难，最后基因能够遗传下来，我们这些活着的人应该很庆幸。我们已经很不平凡，已经很了不起，那为何还要自卑呢？如果我们有一个高贵而又自由的灵魂，为什么要困守在我们"什么都做不了"的狭隘念头中呢？

人生就像愤怒的小鸟，每次失败的时候，总有几只猪在笑。你要做的就是无视嘲笑的声音，给自己打气，没有什么大不了！

不必行色匆匆，不必光芒四射，更不必成为别人，你需要做的就是做自己，活成自己想成为的样子。耐心等待，生活的美好正在不经意间向你款款走来。

每个人都有自己的天堂

生命其实很简单：
每个人都有自己的天堂，
每个人的天堂都不一样。

天空是鸟的天堂，
深渊是鱼的乐园。
找寻生命中的天堂，
然后摆自己在对的位置上。

人一出生便已经是自己了，如果我们不当自己，要谁来当我们呢？我们是我们自己，而不是别人的山寨版。

每一个人对这个世界最大的意义就是他自己。如果你都不相信自己是最优秀的，那你又能相信什么？

曾经有一块冰，它在撒哈拉沙漠被灼热的太阳烤得快要融化了，冰块于是感慨道："沙漠是冰的地狱，北极才是冰的天堂。"

一旁的沙子听到了，它对冰块说："冰块在沙漠里面才是最珍贵的东西，如果你去到了北极，那么你什么都不是。"

比尔·盖茨说："不要拿自己跟世界上任何人相比，如果你拿自己和别人比较，那是对自己的侮辱。"

一位学生对智者说："我要成为马克思第二。"

智者说："做你自己。"

另一位学生说："我要成为弗洛伊德第二。"

智者说："做你自己。"

第三位学生对智者说："我要成为爱因斯坦第二。"

智者说："做你自己。"

三位学生齐声说："有为者亦若是，成为他们第二有什么不对？"

智者说："你们都要当别人，让谁来当你？"

我们一生下来就已经是自己了，不是别人的复制品。每个人有自己的方向，需要走出属于自己的人生之道。

蔡志忠始终认为，"不要随波逐流，不要与人比较，或有好或有坏、有用还是无用的判断，认定自己追求的道路，集中于每个当下去使力，这就是禅的修行"。

了解自己是人生第一个智慧

1995 年 5 月，蔡志忠去美国西海岸出席双日出版社举办的华盛顿大学、俄勒冈大学、波特兰大学等知名院校的"蔡志忠漫画·中国思想系列"巡回演讲和媒体宣传活动。有一天，他在西雅图的一棵梧桐树下休息，同行的朋友问他："如果你当教育部部长，你会让学生学什么？"

蔡志忠回答道："第一课：我是谁？比如我是蔡志忠，我很会思考，但不擅长演讲。第二课：你是谁？比如你很会唱歌但不会画画。了解人人生而不同，每个人都有不同的优缺点。第三课：我们。我们是相互合作还是相互对立？第四课：他们。了解我们与他们的不同专长领域与合作或对立的关系。"

"然后呢？"朋友追问道。

"然后？然后就毕业了！"蔡志忠回答。

"只教我、你、我们、他们这四课就够了吗？"

蔡志忠笑着说:"请问,世界上有哪一所学校教得这么多?教得这么深?"

20世纪初,黎巴嫩作家纪伯伦说:"唯有一次我无言以对,就是当一个人问我'你是谁'的时候。"

我是谁?我从哪里来?我要去哪里?我这辈子要做什么?要达成什么目标?

了解自己,知道自己要做什么,知道自己要什么便会知道自己不要什么。真切了解自己是人生第一个智慧!人能很清楚地在弱水三千中只取一瓢饮,便能真正地制心于一处,达到无事不办的境界。

真正了解我是谁,也很清楚知道要做什么,达到什么目标,便不会走错路,便能走出一条属于自己的人生之路。

在蔡志忠的《蒲公英的微笑》中有这样一段话:

如果我是一棵蒲公英,
我将自在自得欢愉地享受着生命。

在该开花时开花,
该传播种子时传播种子。

我才不理隔壁那棵雄伟的千年大树，

因为我是花，他是树；

他是他，我是我，

他不是我，我不是他。

第4讲

打造梦想，
选择自己的人生之路

人没有梦想，如同蝴蝶没有翅膀。

每个人要思考找寻自己，找寻自己的梦。

每个人应完成自己的梦想，走出自己的人生之道。

————蔡志忠

15 岁从事漫画至今 50 多年，蔡志忠依然兴致勃勃、乐在其中，持续从事动漫行业。曾有记者这样问他："如果能时光倒流，你会不会改变初衷，改行从事别的行业？"

他回答说："开玩笑，请问世间还有什么比美梦成真更让人快乐的呢？"

千万不要丢了那"一箱石头"

在非洲的一片广袤原始森林中，五位探险队员正艰难地搬运着一个沉重的箱子。他们身形消瘦，每一步都显得异常吃力。原本，他们是为了追寻一笔丰厚的奖金而来，但队长马克格夫的不幸病逝，给这次探险蒙上了一层阴影。

临终前，马克格夫向队员们留下了一个神秘的遗言：务必带着这个箱子走出森林，交给他的朋友麦克唐纳教授，他们会因此获得比金子更珍贵的东西。但如果失败，将遭遇不幸。每个队员都庄严地许下了承诺。

失去了队长，队伍迷失了方向，食物和水也迅速耗尽。在最绝望的时刻，那个沉重的箱子成了他们心中的希望之光。它仿佛是一种无形的力量，支撑着他们一步步向前。

经过无数艰难险阻，他们终于走出了森林，将箱子交给了麦克唐纳教授。然而，当箱子被打开的那一刻，里面只有一堆普通的石头，而非他们想象中的金银财宝。

队员们震惊、愤怒，无法理解队长的用意。麦克唐纳教授却缓缓告诉他们，他们已经得到了最宝贵的财富——生命。原来，队长留下的箱子，是一个关于生存与坚持的考验，它让队员们在绝境中找到了活下去的勇气。

如果没有把箱子带出森林的目标，4个人很可能无法活着走出来。对每个人来说，千万不要丢了属于自己的那"一箱石头"，因为你将得到比金子还要贵重的东西。

一辈子很长，你要做一个什么样的人？你现在有没有想过，5年之后，10年之后，你想成为什么样的人？有了明确的目标，我们才会有行动的方向和动力。

"为什么有那么多孩子沉迷游戏和网络？"在采访时，我曾经问过蔡志忠老师这样一个问题。

"没有目标！"蔡老师斩钉截铁地回答，"现实中有些人之所以会感觉无聊厌恶、缺乏生活激情，大部分病根在于生活没有目标。"

阿诺·施瓦辛格是世界著名的健身运动员，好莱坞影星，也是两届高票连任的加利福尼亚州州长。他曾在一次公开演讲中分享了自己职业生涯中关于人生和成功的感悟，他用自己走过的路告诉我们理想与目标究竟有多么重要。他是这样说的：

"在大学里，我每天训练5个小时，同时还在工地里干活，因为那时候做健美的根本没有钱。我不得不去工作。我在工地里干活，去大学的健身房健身，从晚上8点一直到午夜12点。我做了所有的这些事情，没有浪费任何一分钟，这就是我今天能够站在这里的原因。

20岁的时候我去了伦敦，赢了宇宙先生的比赛，成为史上最年轻的宇宙先生。这是因为我一直有这样一个目标。如果你对于自己要去向哪里没有任何想法，不知道自己的目标是什么，你将四处漂泊，没有终日。

当人们看到我在健身房里没日没夜地健身时，他们问我为什么这么辛苦地锻炼，一天五六个小时，脸上还一直挂着微笑？那些和你一样辛苦的人，他们的脸上却写满了痛苦，为什么会这样？

我每次都这样告诉他们，因为对我来说，我在追逐目标。我每做的一组练习，我每举起的一次重量，会使我把目标转化为现实又更近一步。

所以我等不及想做下一次 500 磅的深蹲，我等不及想做下一次 500 磅的卧推，我等不及想做下一次 2000 个仰卧起坐，我等不及想开始下一次训练。所以我告诉你，设想你的目标并且追寻它真的很有趣，你需要一个目标，无论你在生活中做什么，你必须有一个目标。"

蔡志忠常说：最终登上珠穆拉玛峰的人，不是体力最好的、走得最快的人，而是就算死也要上去的人。只有目标明确，并且分分秒秒都朝着目标逼近，才能成功。

目标与方向主导了生命的命运与成就，它是驱使人生不断向前迈进的原动力。若一个人心中没有一个明确的目标，就会虚耗精力与生命，就如一个没有方向盘的超级跑车，即使拥有最强有力的引擎，最终仍是废铁一堆，发挥不了任何作用。

3 个男孩的梦想

童年的一件往事依稀记在蔡志忠的脑海里，有一年小学暑假，在高雄电信局上班的大哥带着家人返乡探亲，大哥因为年长很多，所以他的两个儿子和蔡志忠年纪相仿。有一天父亲看着正在玩耍的 3 个男孩问："你们长大要当什么？"

大哥的大儿子指着墙上穿军装配军刀的将领照片说："我长大以后要像他一样。""有志气！"父亲说。

大哥的二儿子说："我长大以后要当警察。""好神气！"父亲又说道。

轮到蔡志忠了，他平静地说："长大后，我要画电影招牌。"父亲什么也没说。

他说，不知道当时父亲是否为儿子小小的志向感到很失望，但长大后，3 个人的理想只有自己真正实现了，而且稍微提高了一点点标准——成为漫画家。

台湾有一句俚语："一根草，一点露。"清晨薄雾散了，地面无论大草小草，每株草尖端都有一滴露珠。这句俚语意思是：天地是公平的，任何人只要努力守本分，都有一口饭吃。画电影广告招牌对当时一个爱画如命的小孩来说，可以说是在小镇能找到的最理想工作。蔡志忠的人生理想非常务实。

每个人应当了解自己，及早打造梦想，选择自己的人生之路。

　　英国物理学家、生物学家克里克从小立志成为物理学家，他很着急，每天缠着妈妈说："怎么办？为何还不快长大？等到我长大后，物理成果都被别人发现光了怎么办？"

　　妈妈总是安慰他："你放心好了！上帝一定会为你留下一个秘密，等你长大之后让你来发现。"

　　克里克长大后，果然和美国物理学家沃森共同发现了DNA双螺旋构造。1953 年 4 月 25 日沃森和克里克在《自然》杂志上提出双螺旋结构，这一成果成为解开生命密码的金钥匙。

　　很久以前，有个贫穷的牧羊人，带着两个年幼的儿子每日以放羊为生。某日，在山坡上放羊时，他们看到一群大雁飞过。小儿子好奇地问大雁的去向，父亲回答它们正飞往温暖的地方过冬。

大儿子听后，满怀憧憬地说希望自己能像大雁一样飞翔。

父亲听后，鼓励两个儿子说，只要心怀梦想并不断努力，将来也有可能飞翔。尽管当时他们都无法飞起来，但父亲的话深深烙印在他们心中。

多年后，这两个儿子真的实现了"飞翔"的梦想，发明了飞机，他们就是举世闻名的莱特兄弟。

越早选择人生目标，成就便越高

世上最快乐的事，莫过于为理想而奋斗。

——苏格拉底

无论我们学习多少科目，最后也只是拿一把刷子混饭吃。

科学家证实，成就与选择目标的年龄成反比！越早选择人生目标，成就便越高。

莫扎特 5 岁时，已经是欧洲杰出音乐演奏者，9 岁时，便创作出很多知名交响乐。

牛顿 23 岁时，发现了万有引力、光学理论、牛顿二项式定理，还发明了微积分。

高斯 9 岁时，便写出数学的连续和公式，与阿基米德、牛顿同为世界三大数学家。

纪伯伦 19 岁时，以黎巴嫩语出版了世界名著《先知》。

爱因斯坦 26 岁时，发表了狭义相对论、光电效应、分子的布朗运动等惊动物理界的 5 篇理论。

海森堡 23 岁时，发表量子力学的测不准原理。

史蒂文·斯皮尔伯格小时候便对电影有兴趣，12 岁生日那天，其父送给他一架袖珍摄影机，这使他对拍电影更为着迷。

他 24 岁便完成电影《飞轮喋血》，29 岁导演《大白鲨》，与后来一系列卖座电影《第三类接触》《外星人 E.T.》《慕尼黑》《侏罗纪公园》《林肯》，成为 20 世纪最具影响力的导演之一。

瑞士网球名将玛蒂娜·辛吉斯 16 岁时，便拿下澳网冠军，成为世界球后。

桑普拉斯 17 岁时，拿下温布敦冠军，成为世界球王。

迈克尔·乔丹 3 岁半时，便开始在后院打篮球，后来成为伟大的球员。

泰格·伍兹10个月大时，身为高尔夫球教练的父亲锯短一根推杆让他玩。2岁时，泰格·伍兹在当时很火的美国电视综艺节目"艾德苏利文剧场"中，表演十尺推杆，一杆进洞。长大后，成为世界最伟大的高尔夫球球王。

美国古生物学家古尔德4岁时，梦想当一名垃圾工。他说："我爱听罐头的噼啪声和压缩机的轰轰声。当时我想把纽约的全部垃圾都挤压在一辆大卡车中。"5岁时，父亲带他到美国自然博物馆参观恐龙展览，因此改变人生梦想。古尔德说："当我站在霸王龙面前时，感觉人显得那么渺小。我惊呆了，但是这个巨大的动物不能活动，只是一堆硕大的骨头，我离开时宣布，我长大后要做古生物学家。"

历来成大功立大业者，都在早年就立下远大志向。

两千多年前，刘邦见秦始皇浩浩荡荡巡游，慨然立下"男儿当如是"的壮志，统一中国成为汉高祖。

同一个场面楚霸王项羽看了，更是豪气干云地说："取而代之！"

当年项羽才23岁，带领8000名江南子弟兵起义，3年后果然拿下咸阳。

刘秀志气稍差一点，他说："仕宦当作执金吾，娶妻当得阴丽华。"后来他光武中兴也当上了皇帝。

这些伟大的成功者，都很早便已经选好舞台，及早练好自己人生的那把刷子，展开一生的志业。

有一次，新东方教育集团董事长俞敏洪请蔡志忠在北京吃饭，路上他指着山上一栋建筑物说："我大三时因为肺结核，在山上这家医院待了一年，也让我思考了一年。我想通了一个关键就是：不要跟人家比成绩，也不要跟人家比文凭，而是要想通自己将来要做什么。"

俞敏洪是极少数毕业后没有出国留学的北大英文系学生，因为他已经找到了自己的人生之路，就是创办新东方。自创办新东方开始，俞敏洪便创造出了一系列的"新东方神话"。俞敏洪更是被媒体称为"中国的留学教父"。

只有死鱼才随波逐流，会思考的鱼总是先问自己要游去哪里。

寻找生命的挚爱，然后无悔地朝向自己的目标前进。

我们成为什么是因为我们有梦想，人因为完成梦想而成就自己。

28 个字的告别

蔡志忠小学毕业，成为全校当年唯一一位考上彰化中学的学生，父亲特地为他买了个白书包，书包正面用正楷写着"省立彰中"4个大字。他觉得很不好意思，每天上学都反着背，生怕别人误会自己故意炫耀。

彰化中学是一所没有围墙的学校，校长翁慨是一个倡导自由思想的人，他很崇尚北大校长蔡元培的治校理念，认为品德教育比学科教育更重要。蔡志忠在这里经历了人生的重要转折。

初二的暑假，在家闲来无事的蔡志忠画了4页漫画，寄到台北一家刚成立不久的小出版社——集英社试试运气。

没想到，一个星期后，他居然收到了出版社的回信，上面写着："如果你现在能够来台北画漫画的话，我们邀请你到本社，当正式的漫画家。"

那天下午，蔡志忠迫不及待地告诉妈妈自己的决定："妈妈！明天我要去台北画漫画了。"

母亲说："你走之前，要先去告诉你爸爸。"

当天晚饭后，父亲一如往常地坐在室外走廊的藤椅上看报纸，蔡志忠站在父亲身后说："爸爸，明天我要去台北。"

父亲问："去干吗？"

"画漫画。"

"找到工作了吗？"

"找到了。"

父亲头也没回，只说了一句话："那就去吧。"

短短 6 句对白，28 个字。父亲没回头看他，他也没走到父亲的前面。

多年后，在台北打拼成功的蔡志忠获得了台湾十大杰出青年奖，上台致辞时，他这样说道："今天能得这个奖完全要感谢我的爸爸，他没让我去读数学补习班、英文补习班，也没要我去替他完成一生未完成的愿望，而是让我选择做自己。"

什么都不怕，向前走

1963 年 7 月 15 日早上，带着简单行李和家人给的 250 元台币，蔡志忠搭上火车离开家。

火车渐渐启动离开站台，载着他开往未来，走到最后一节车厢，望着往后退的铁轨和渐渐远去的家乡景色，他在心中大喊：

再会吧，我的故乡！再会吧！我一定要在台北闯出一片天地！

情境宛如林强《向前走》的歌词：

火车，渐渐在起行（启程）

再会，我的故乡和亲戚

亲爱的父母，再会吧

到阵（一起）的朋友，告辞啦

阮欲来去（我要前去）台北打拼

听人讲啥物好空的拢在那（听人说什么，有钱的都在那）

朋友笑我是爱做暝梦（白日梦）的憨子（仔）

不管如何，路是自己走

······

车站一站一站过去啦

风景一幕一幕亲像（好似）电影

把自己当作是男主角来扮（表演）

云游四海可比（何必）是小飞侠

不管是幼稚也（还）是乐观

后果若按怎自己就来担（后果就怎么样自己要来承担）

原谅不孝的子儿（儿子）吧

趁我还少年（年轻）赶紧来打拼

……

噢！向前走

……

台北台北，台北车站到（达）啦

欲下车的旅客请赶紧下车

头前是现在（现代）的台北车头

我的理想和希望拢在这（都在这）

一栋一栋的高楼大厦

不知有住多少像我这款（样）的憨子（仔）

卡早（之前）听人唱台北不是我的家

但我一点拢无（都没）感觉

……

望着早已看不到的故乡，蔡志忠泪流满面，分不清是告别故乡的离情，还是朝向梦想的喜悦。但他很确定的是自己内心那股永不回头的绝情。

在那个年代，15岁离乡到台北并不特殊也不奇怪，村里的农家孩子往往小学一毕业，便到台北当童工或学徒。

三毛在北一女中念到初二便离开中国台湾，浪迹天涯，写《撒哈拉的故事》。

作家李昂初二便开始写她的第一本小说《花季》。

武侠大师古龙在台湾淡江大学外文系读大一时，便开始写武侠小说《苍穹神剑》。

在那个条件匮乏的年代，大家都来不及长大，谁都没有背景与家庭支持，每个人都知道："一切要靠自己，自己主导未来！"

4个小时车程，抵达台北已是黄昏，走出火车站，没几分钟就到了目的地。三轮车夫按着地址，在一家门口停下来。付过三轮车车费，蔡志忠拎着皮箱透过稀疏的竹围篱往里面望去，是一间日式简朴平房。

按了门铃，一位身材高壮、20来岁的男人来开门："你找哪一位？"

"我是从彰化来画漫画的蔡志忠，你们写信希望我来工作的。"

"你看起来好小，今年几岁？"

"今年15岁。"

老板看着比皮箱没高出多少的蔡志忠，问道："你寄来的漫画看起来很成熟，没想到你是个小孩子。"

月薪300元，提供吃住，分配了画画的工作桌，蔡志忠被安置到一个6平方米左右的小卧房，里面摆了两张双层床，4个小漫画家挤在一起睡觉。

第二天早上四五点，从都市车辆行驶声与喇叭声中醒来，蔡志忠蒙眬中突然意识到自己已经不是个乡下寻梦的孩子，而是美梦成真的漫画家了。不由得心中高兴地大叫："哈哈哈！我成为职业漫画家了，我是漫画家了。"

从此以后，他开始了自己小小漫画家的职业生涯。

建构自己的人生如同盖一栋大楼

蔡志忠说，人生中无论是办一场演讲、设计一个室内装潢、写一本书或规划自己的人生，都像在盖一栋大楼一样。

首先要有宽敞的广场，响亮的大楼名称，气派的进门大厅，不同功能的楼层，每个窗口视野漂亮，顶楼要有个梦幻般的理想。

规划自己的人生也应该如此，每个人应当在开始之前，便先设计好人生蓝图。然后逐一将自己的人生大楼一层一层盖出来。

人只有一辈子，我们只能活一次，每个人应把自己的一生活得很精彩。

人生的终点是哪里？每个人有自己的旅程。我们会羡慕别人，是因为不知道自己的人生目标。

在两岸还没有直航之前，蔡志忠常在香港转机。对一位知道自己的目的地的旅客来说，他绝不会羡慕别人要去大溪地、夏威夷或巴黎。因为他归心似箭、一心要回台北的家里去。

那对于人生旅程来说，我们这辈子的目的地在哪里？到底要换取什么？

在蔡志忠看来，人生绝不是为了来换取带不走的权势名利，而是完成自己的梦想，走出一条属于自己的人生之道！

中国古人早就说过："取法上者得乎中，取法中者得乎下，取法下者得乎无。"而西方也有这样一句谚语："扯住金袍子的人，至少能得到一只金袖子。"

那些志向远大、敢想敢干的人，所取得的成就必定远远超出起点；一个理想高、目标大的人，即使没有实现最终的理想和目标，也都要远比不敢想的人走得远。因此，要想获得成功，首先必须敢想敢做才行，把自己的理想和目标提升起来，而不要退缩在一个逼仄的角落，只会做梦显然是不行的。

有一天，英国教师布罗迪在整理阁楼旧物时，意外发现了一叠自己以前学生的作文，题目是《未来我是×××》，这些作文记录了他31位学生50年前的梦想。他原本以为这些作文在伦敦遭受德军空袭时已经丢失，没想到它们竟被遗忘在阁楼上长达半个世纪。

布罗迪翻阅这些作文时，被孩子们天马行空的梦想深深吸引，其中特别让他感动的是一个叫戴维的盲童，他梦想成为英国内阁大臣。

深受触动的布罗迪决定将这些作文重新发还给孩子们，让他们看看自己是否实现了儿时的梦想。他联系当地报社，得到了大力支持，并成功发布了寻找作文主人的启事。结果，许多回信如潮水般涌来，布罗迪逐一寄出了作文。

最终，30篇作文都找到了它们的主人，只有戴维的作文本无人问津。布罗迪以为戴维可能已经不在人世，正打算将其送给博物馆时，却收到了内阁教育大臣布伦克特的来信。原来，布伦克特就是戴维，他从未放弃过自己的梦想，并且已经成功实现了它——成为英国首位盲人内阁大臣。

做自己最拿手、最喜欢的事

人生最重要的两天是出生的那一天，
和明白自己将来要成为什么的那一天。

这是蔡志忠最喜欢的一句话。他认为，清楚了解自己后，接下来最重要的是立定明确目标。就像攀登山峰能登顶的人，通常不是走得最远最快的人，而是在第一时间就确定目标，并且分分秒秒都朝着目标逼近的人，但确定目标前，必须先知道我是谁，有什么条件，否则会立下假的目标。

著名作家贾平凹在一次分享会上颇有感慨地说："这个世界上更多的人，是被别人安排着过完一生，被安排着学哪门技术，被安排着进哪个学校，被安排着在哪个单位上班……却从来没有真正为自己安排一件事情去做。人在这时候，最需要有一个凳子，你站上去，才会发现，你还有着许多没有挖掘出来的才能和智慧。而这只凳子，就是突然闯进你心中的一个想法，一个念头。而这个凳子往往是自己做出来的。"

英国推理小说家约瑟芬·铁伊的经纪人说："铁伊的文学生涯，从她会走路时就开始了，写作是她最大的乐趣。"

约瑟芬·铁伊喜欢钓鱼、骑马、看电影、观赏乡间景色和写作。

她的成名作《时间的女儿》是史上推理小说之最，在美国推理作家协会票选史上百大推理小说中名列第4名。

铁伊一生创作了8本推理小说，她也成为英国推理小说大师，与阿加莎·克里斯蒂和多萝西·塞耶斯并称"推理侦探三女王"。

松本清张是一位大器晚成的多产作家，出生于北九州小仓市，由于家境贫寒，幼年失学，13岁时被迫辍学谋生，到一家电器公司当徒工，后来又去印刷厂当石版绘图的学徒。

第二次世界大战之后，为了养活一家七口，他不得不奔波于关西和九州岛之间，批发笤帚。只受过小学教育的松本清张十分好学，阅读大量文学作品，从陀思妥耶夫斯基与高尔基描写底层百姓生活的作品中获得启发，并激发了创作欲。

40岁以后，松本清张便以写作为生命，伏在昏暗的灯下一边写文章，一边用扇子赶蚊子，不顾辛劳地日夜写作。他的代表作有《点与线》《隔墙有眼》《天城山奇案》《女人的代价》《恶棍》《砂器》等200多本。他的第一篇推理小说《点与线》为传统侦探小说注入新鲜血液，成为日本社会派推理小说开山鼻祖。

《点与线》被评为世界十大侦探推理小说佳作之一。松本清张和柯南·道尔、阿加莎·克里斯蒂三人并称为世界推理小说三

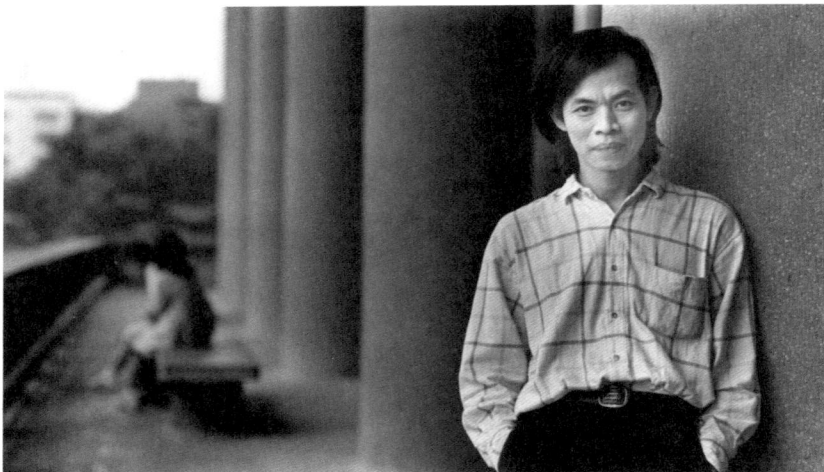

蔡志忠说："我的人生中，很少有迷茫度日的时候，即使在最该迷茫的青春里，我也目标清晰。"

大宗师。

斯蒂芬·茨威格在《人类群星闪耀时》中这样写道："一个人生命中最大的幸运，莫过于在他的人生中途，即在他年富力强的时候发现了自己的使命。"

蔡志忠讲过这样一个故事：

狐狸取笑母狮无能，每胎只能产一崽。

母狮回答说："我是生不出一窝狐狸，可是我生下的是一头狮子。"

贵重的价值在于质，而不在量。

学习也是如此，学会十八般武艺，哪能跟单项世界第一相比？多才多艺等于一无是处。

无论我们学习多少科目，最后也只是拿一把刷子混饭吃。所以，一定要选择自己最喜欢、最拿手的那把刷子。

发展自己的特殊才能，换取最高的价值

只要把自己摆在正确的位置上，没有变不成蝴蝶的毛毛虫。

——蔡志忠

很多现代人并不爱自己的工作，做一行怨一行，总觉得自己怀才不遇，在蔡志忠看来，保持这种心态，想要成功简直是

缘木求鱼，因为他从来不认为有怀才不遇这回事。通常自以为怀才不遇，问题多半出在自己身上——没才没料。蔡志忠深信，每个人恰如其分地扮演着自己最擅长的角色，就会成功。先要知道自己是鱼还是鸟，会飞的鱼绝不是鸟，在鸟的眼里，那怎么叫飞，不过是跳跃罢了。

蔡志忠说，年轻人最重要的是了解自己。要了解自己，可以从做笔记开始。拿出两张纸，一张写我会做什么、我不会做什么，另一张写我想做什么、我不想做什么。经常思考，就会越来越了解自己。

拿破仑·希尔是世界著名的励志成功大师。一天，一个年轻人跑来找他寻求职业规划指导。这个小伙子大学毕业已经 4 年了，专业素质过硬，情商在线，但至今没有找到理想的工作。

"你喜欢哪一种工作呢？"拿破仑·希尔问道。

"我不知道想要做什么。"年轻人说。

拿破仑·希尔认为这个问题很普遍。他告诉年轻人，找一项职业以前，一定要先深入了解那一行才行。"10 年以后你希望成为什么样的人？"

年轻人沉思了许久，也没想出答案。他说："我希望有着优厚的待遇有房有车。但是做什么我不知道。"

拿破仑·希尔听了，认真地告诉他："你现在的情况就好像跑到航空公司对售票员说'给我一张机票'一样。但是你连目的地都不知道，谁能卖给你机票？除非我知道你的目标，否则无法帮你找工作。只有你自己才知道你的目的地。"

在拿破仑·希尔看来，人也是一种商业单位，你的才干就是你的产品，你必须发展自己的特殊产品，以换取最高的价值。

其实，生命就像一道菜，菜的好坏除了要有很好的原料，关键还要看厨师。我们每一个人，作为这道菜的厨师就要善于烹饪，利用自己的优势做出美味的佳肴。

初中没有毕业的蔡志忠，凭借着超强实力建立起无畏的自信，就在于他了解自己的绘画天分与狂热，这也是他常说的天生我材必有用。每个人一辈子至少都可以找到一把刷子吃饭，问题是你得尽早找到这把刷子，而成功者多半是很早就找到的人。

很多年前，一个年轻人开车走在美国乡间的路上，不知不觉找不到路了，好不容易在农田里发现一位农夫，于是他停下车来问："您能否告诉我，这条路通往何处呢？"

农夫停顿片刻说："孩子，如果你照正确的方向前进，这条路将通往世界上你想要去的任何地方。"

人生也是如此，只要我们朝向心中的方向发展，无论做什么行业，没有不成功的。无论什么时候，都不晚。

大器晚成的摩西奶奶，直到晚年才成为美国著名和最多产的原始派画家之一。她有10个孩子，而她的生活被擦地板、挤牛奶、洗衣服等杂七杂八的生活琐事所占据。在58岁的那一年，她开始学习绘画，没人注意到，她自己乐在其中。一位艺术收藏家把摩西奶奶的作品带到纽约的画廊进行展览。画商像星探一样看中摩西奶奶的画，并且把她推到了艺术界的前沿。

摩西奶奶在她80岁时在纽约举办个展，引起轰动。

94岁，她登上美国《时代》周刊的封面成为传奇人物，满头的银发、和蔼的笑容让人们记住了她。

摩西奶奶说："人到底该在什么时候做什么事，并没有谁明确规定。如果我们想做，就从现在开始。"

许多对生活感到迷茫的年轻人给摩西奶奶写信。奶奶认真看完会一一回复。一位叫春水上行的人写信告诉她，他对父母安排的工作很抵触，却不敢拒绝。他喜欢写作，但是因为年过三十，觉得有些晚，希望摩西奶奶给他提点儿意见。

她给这位迷茫的年轻人亲笔写了一段话：做你喜欢做的事，上帝会高兴地帮你打开成功之门，哪怕你现在已经80岁了。

这个叫春水上行的年轻人就是后来在日本乃至全世界都大名鼎鼎的写出了著名长篇小说《失乐园》的作家渡边淳一。

蔡志忠曾画过一幅漫画，小鸟在高空对长颈鹿说："虽然你长得比我高，但我会飞……"

不要理会有 100 万样事输给 100 万种人，而要在意我们有哪项专长赢过全世界？每个人有独特的专长，不要在意自己不擅长的部分，而是要将自己所长发挥到极致。

正如蔡志忠说的"扮演自己，才是善待自己"，虽然云会飘、鸟会飞、水会流、鱼会游，但还是当自己最妙。一个人若能确切知道"我是谁"，并以万全的准备，勇往直前、义无反顾地把自己最擅长的事做到极致，人生又怎么可能失败？

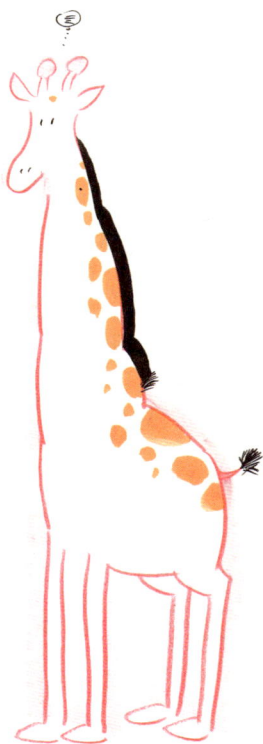

第 **5** 讲

努力没用，先要改变观念

要改变命运，先改变观念！

是狼还是兔子？由自己决定

改变自己最有效的方法莫过于改变自己的观念。努力、毅力只是一时，观念改变才是一生一世。在蔡志忠的书《豺狼的微笑》里有这样一则故事：

在一片原本空旷的草原上，起初生活着100只兔子，它们生活无忧，食物充足。但随着兔子数量的不断增加，先是增长到1000只，草原虽未变，但兔子们需更早起床觅食，生活变得艰难。

当兔子数量激增到10000只时，草原资源枯竭，兔子们即使全天觅食也难以饱腹，生存面临严重威胁。这时，一只兔子独辟蹊径，意识到吃草已无法满足生存需求，开始捕食同类。这一转变让它获得了充足的营养，体型增大，最终从兔子进化为捕食者，如豺狼一般。

少数兔子跟随这一思路，也实现了生存方式的转变，草原上因此形成了新的生态平衡。

1. 兔子被狼吃了变少，草原复苏茂盛。

2. 草原茂盛，兔子繁殖越来越多。

3. 兔子变多了，狼便繁殖得更多。

4. 兔子被狼吃了变少，狼吃不饱也变少。

5. 兔子和狼都变少，草原复苏茂盛了。

兔子吃草，狼吃兔子。狼是无恶不作的大坏蛋吗？

不！狼淘汰不够水平的兔子，确保兔子不会繁殖过多吃光草原，乃至大家都饿死，狼扮演生态平衡不可或缺的角色。在人的社会里，情况也是如此：观念决定命运，兔子吃草，狼吃兔子。谁是狼？谁是兔子？由自己决定。你认为世界如何，世界就展现出你所想的样子。

悲观者看到了悲惨世界，乐观者相信太阳明天还会升起，微笑地迎接崭新的一天。

面对现实情况改变，只会一味自我要求、加倍努力是没有用的，唯有通过思考，改变观念，才能从竞争激烈的红海，转为吃香喝辣的蓝海。

"努力无用论"

努力一定会成功吗？在很多公开场合，蔡志忠都会抛出他的"努力无用论"：

一直以来我们的家长、老师、朋友都告诉我们："努力，努力，努力就会有成就。"其实这只是一句善意的谎言，如果一味努力便会有成就，那么大多数人岂不是都抵达巅峰了？

努力只比不努力好一点而已，任何人无论做什么，一开始没有不努力的，为何后来不继续努力了呢？因为只凭努力没有得到预期收获。

"努力不会赚到钱，努力只够养活自己。"

古往今来成大事者，努力的不乏其数。但是努力并不一定能够成功，就像犹太人的成功要素里面讲述的，成功有必然因素，有主观因素，也有客观因素。努力只是成功必备的条件之一，但是光知道努力是没有出路的。首先就取决于你的选择，一个人很努力，他要是努力违法乱纪，我想他一定也会干出一番轰轰烈烈的事情，但是这个事情反人类反社会，必将会被淘汰，所以怎么能成功呢？

没有人开始不努力的，有些人最后放弃了，因为努力没有结果。

人生像走阶梯而不是走斜坡，每一阶有每一阶的难点，学英语、日语、数学、物理各有不同难点，追女朋友与创业的难点也不一样。你没有克服难点，再怎么努力也都原地跳。所以不是努力没有用，而是不顾一切地努力，没有经过思考总结，依靠蛮力盲目用劲，只是徒劳无功。机会是留给有准备的人的，在机会没来之前你首先得努力，去培养自己该具备的成功条件，扬长避短、克服障碍，等到机会来了你就可以一举拿下。

　　你努力洗煤球能把煤球洗成白的吗？如果开一辆汽车前往那个叫成功的目的地，努力仅仅是动力系统，让你不会止步不前。除了动力系统汽车还需要方向系统，你总不能往沟里开吧？或者南辕北辙？不仅如此，还必须有制动系统，在发现问题的时候可以刹车。最好再装一个 GPS 定位系统和一个行车记录仪，让我们能够超越视距，看清前路，帮我们时时回看，及时复盘，从而不断修正。

　　在蔡志忠看来，"努力了却没得到自己想要的，只能说明你还不够努力"，这句话只是对世人的一种麻痹和误导，让那些努力了却没成功的人不要怀疑努力和成功之间的必然关系，让他们相信之所以还没成功是因为努力还不够。事实上，没有人可以证明，百分百的努力就会百分百获得成功。在努力和成功之间有太多不可控的变量，比如个人能力、取得成功的信念、所努力的方向、采取行动的方式等，每一个变量出现问题都会对最后是否成功产生直接影响。

"当然并不是说不去努力，努力只比不努力好一点而已。"蔡志忠一再提醒年轻人，要会思考！努力不是成功的根本，努力和成功之间隔着遥远的路程。想成功的人都很努力，但成功的人往往只有一小部分。倘若你努力，但你的观念是错误的，很可能离正确的方向越来越远。所以重要的是观念。而认识观念、改变观念完全是由思维方式决定的。

"每个人都说，我要努力，我要努力做，这样是不对的。去街上看，没有人不努力。下午 3 点半，太阳正足，快递员骑着摩托车在路上飞奔，你问他在干吗，他说在努力赚钱。只会努力，不会达到最好的结果，所以要倒过来，一定要先想你要达成什么目的，然后想需要什么条件，然后设计一条路去达成这个目的。"

观念决定方向

改变只在一瞬间，观念改变，行动改变。

努力不等于效率，努力之前要先思考，要有方法，才能抵达目的。

思路决定出路，观念决定方向。

泰国许多地方盛产椰子，但是椰树高达十几米，攀爬起来难度不小，为了得到美味的椰子，每年都有不少人上树采摘，因此也发生了一些安全事故。一个年轻人看到了这个商机，他想：既然人不善于爬树，为什么不找善于爬树的猴子来摘椰子？于是他开了一个驯猴学校，专门训练猴子上树采摘椰子。然后，他把训练合格的猴子出租给采摘椰子的农场主。没想到，这种服务一经推出供不应求。年轻人很快就成了当地的富豪。

要想钓住鱼，就要像鱼那样思考。无论你自己多么喜欢草莓，鱼也不会理睬它；只有以鱼本身喜爱的蚯蚓为饵，它才会上钩。

一个人走进宠物店想买鸟，他首先看中了一只色彩斑斓且会唱歌的天堂鸟，但觉得老板开价5000元有些贵。于是，他选择了一只颜色稍差的鹦鹉。没想到，老板告诉这只鹦鹉要10000元。

客人不解地问，为什么这只颜色不如天堂鸟的鹦鹉反而更贵。老板解释说，因为这只鹦鹉会讲5种语言。客人听后，又挑了一只看起来最普通的灰色鸟。

老板开价50000元，这让客人非常惊讶，他猜测这只鸟可能会讲很多国家的语言。但老板却摇摇头说，这只鸟既不会唱歌，也不会说任何语言。

客人更加不解了，问为什么这只鸟会这么贵。老板神秘地说，因为这只鸟会思考。

思考先于行动，就像手脚身体听命于大脑的指挥而行。但该在什么时候思考呢？

思考先于一切之前！

豺狼是会思考的兔子蜕变的！

比尔·盖茨退学前是会思考的哈佛大一学生，因为比尔·盖茨知道："及早创办微软比哈佛毕业证书重要。"

乔布斯退学前是没有大学毕业的学生，因为乔布斯知道："及早创办苹果公司比大学文凭书重要。"

可能很多人以为改变观念很简单，事实并非如此。人性大都是偏执的，先入为主的观念，往往很难被改变。就像让一个觉得臭豆腐很臭、皮蛋很可怕的老外吃臭豆腐、皮蛋一样难。

蔡志忠经常提起一个让自己转变观念的故事。1980 年，他第一次到香港，知道水果之王是榴梿，便花了 57 元港币在湾仔路边水果摊买了一个，回到住处打开后发现，榴梿好像婴儿的大便，味道也像，形状也像，这怎么能够吃得下？想想那么贵，舍不得丢掉，于是放到了冰箱里。7 天以后就要离开了，再把榴梿拿出来，可还是怎么看都像是大便，最后还是拿出去扔了。

两年后他到马来西亚，要走的前一天，他看到街道上有一个人挑着一担榴梿，有两个人蹲在一旁吃得津津有味。因为要花掉手里的零钱，于是他鼓起勇气再试一次。这一次，他却发现榴梿简直就是人间美味。在飞机上他就后悔自己当时为什么不吃两个，并从此一发不可收地爱上了吃榴梿。

榴梿还是榴梿，但味道像大便还是天下第一美味？差别只在于观念的改变。

1945年，"二战"结束，整个世界留下了巨大的创伤。为了避免未来的战争和人类遭受更多的痛苦，国际社会开始寻求一种新的秩序维持世界的和平与稳定。就这样，联合国应运而生。

首先选址成了第一个面临的问题。大家经过讨论，选定在美国纽约。但是新的问题出现了，钱从何而来？由于战后各国经济萧条，没有人愿意出钱。但是洛克菲勒听说后，花了870万美元买了块地，以1美元的价格卖给了联合国。

洛克菲勒的这一举动在当时引起了巨大反响。"他一定是疯了！"人们都在这样说，认定他做了一笔"赔钱的买卖"，等着看他的笑话。

但是几年后，这些人就为自己的愚蠢后悔不已。原来，当洛克菲勒得知联合国决定在纽约建造联合国大楼时，他就预料到那个地方注定会成为未来纽约最繁荣和最有价值的地方。所以他买下这块以 1 美元价格卖给联合国的土地时，同时也买下了它周围的大片土地。

不久，联合国大楼建成，周围地区成为纽约的黄金地段。他的土地价值涨了 10 倍！洛克菲勒成了最大的受益者。如今，没有人知道洛克菲勒家族到目前为止赚了多少个 870 万美元。

落后是观念落后，贫穷是脑袋贫穷。许多人不是没有好机会，而是没有好观念。不是不接受新观念，而是不愿抛弃旧观念。

在蔡志忠看来，一个人最有效的方法莫过于改变观念，无论做什么，想达成什么目的，不能只是一味努力，而是要先思考如何才能美梦成真。

大脑是用来思考的

许多人宁愿死，也不愿思考，事实上他们也确实至死都没有思考过。

——伯特兰·罗素，英国哲学家

罗素非常反对制式教育，他说："有一些儿童原本有思考的习惯，而教育的目的在于铲除他们的这种习惯。"

1949年，费曼应邀到巴西里约大学教授电磁学，他发现两个奇怪现象：

一是学生们从不提问；二是面对同一个问题，有时学生马上能答出来，再深究时却一片茫然，完全不知所云。

费曼发现，巴西学生上课时唯一要做的就是坐在那里，把教授讲的每个字记下来，确保没写错用以应付考试。但除了背下来的东西，他们什么也不会。

费曼说："我实在看不出在这种一再重复的体制中，谁能受到真正的教育。大家都努力考试，然后教下一代如何考试，大家什么都不懂。"

学校注重考试，学生们只好花很长时间来背原本书上有的东西。大脑是用来思考的，仅把大脑用来记忆是践踏大脑的主要功能。

爱因斯坦演讲时，有听众提问："你如何记下许多东西？你可记得音速是多少？"

爱因斯坦说："我必须查辞典才能回答音速是多少？我从来不记辞典上已经印着的东西，我的记忆力是用来记书本上没有的东西。"

文字、资料早已经存在于书中或计算机档案里，无论我们有没有读它背它，都不会减损一个字。大脑是用来思考想象的，把大脑用来记忆，有如让智者去当苦力一样践踏大脑的功能。

爱因斯坦说："想象力比知识重要。"

所有一切创造都是想象力与执行力的结合。

没有想象力作为先导，创造、探索便不可行。想象力是艺术和科学的源头，是智慧的起源！

蔡志忠每天天一黑就睡觉，凌晨一点钟起床，然后站在窗前边喝着咖啡边对着寂静的星空思考。这是他每天最快乐、最享受的时间。

思考之后他才开始画画。他整整做过3年多的记录，知道一天当中凌晨3点大脑最清醒，一年当中寒冷的冬天，大脑最清醒。他每天凌晨一两点起床，连续工作到下午两点，然后吃饭、睡午觉。吃过晚饭稍事休息，天黑了就上床睡觉。

蔡志忠很善于思考，他也知道姿势影响思考！

什么是最好的思考姿势？

躺着最不容易思考，

躺着不如趴着，

趴着不如坐着。

坐着不如站着，

站着不如走来走去。

肚子饿着时比吃得饱饱的好。

很早他就发现：头脑里原本有一个天才的创意，每当一吃饱饭，就立刻变成猪头！

于是他开始不吃早餐，至今已经 40 多年不吃早餐了，他说就是要使自己变猪头的时间尽量减少。

胡先生的"乘法哲学"

1979 年春天，创立了远东卡通公司的蔡志忠接到一个电话，这是一位名叫胡树儒的香港电影公司老板，他邀请蔡志忠一起拍摄动画电影《七彩卡通老夫子》。在拍摄这部影片期间，胡先生的一套"乘法哲学"让蔡志忠的观念产生了巨大变化。

胡先生告诉蔡志忠："接一部广告片，花一段时间拍好，赚一些钱。然后一切重来，再接一部广告片，再花一段时间拍好，再赚一些钱。拍广告片是用时间去换些钱，这是加法，

1+1+1+1+1……"

"做生意就是这样啊，又能怎么样？"蔡志忠起初并不理解。

"拍电影是乘法，一部受欢迎的电影可以卖给中国香港、中国台湾，以及马来西亚、韩国版权，甚至可以发行全世界，这便是乘法，1×5或乘以更多更多。"

"哇！这个理论不错。"蔡志忠一下子被点醒了。

胡先生说："人的一生很短，只做加法成就有限，所以应该做乘法。"

蔡志忠和他的公司员工

这套理论被蔡志忠称为"乘法哲学"，这个观念也深植在他的心中。后来画《漫画庄子说》时，蔡志忠便决定画整套的"漫画诸子百家"，并在第一时间推广到全世界 49 个国家和地区，这便是 1×22×49=1078 的乘法哲学。

闯荡东京的小老鼠

走在街头，
会掉下来的只会是招牌。

创意是最伟大的叛逆，
创意不会自己从天上掉下来。

1984 年 12 月 22 日，蔡志忠到东京出席少年画报社所举办的漫画家年会。席间，有一位日本漫画家市川立夫对他说："以后你来东京别住饭店了，可以跟我一起住，大家分摊房租。"蔡志忠立即答应了，当场跟他要电话。

日本是漫画王国，进军日本漫画界一直是蔡志忠的梦想。但他深知一个中国台湾漫画家到日本出版社投稿，是一件多么困难的事。他把自己比作一只闯荡东京的小老鼠，对于高高在上的长颈鹿来说，自己是如此微不足道。如何在日本立足，这让他思考了很久。

4个月后，蔡志忠决定要到日本画漫画，他飞到东京，跟市川立夫一起合租。

市川立夫（左一）与蔡志忠

在日本，只有少数漫画家收入很高，大多数人日子还是过得很清苦。市川立夫很爱漫画，但一个月五幅单元格漫画的稿费无法生活，因此他必须每天凌晨4点起床去清扫马路。他说："从前我负责开洒水车，因为车子必须开得很慢很慢，常常边开边打瞌睡，不如下车扫地来得清凉干脆。"后来他不当清扫马路工，改去海鲜市场搬鱼。

蔡志忠曾不解地问他："你怎么不画漫画，而去做这些事呢？"

他说："没有其他杂志社跟我约稿啊！"

蔡志忠跟市川立夫不同，他说他喜欢画漫画，跟有没有杂志要刊登没有关系。最重要的是自己该画什么题材。在他看来，漫画只是一种语言，一种表达手法。漫画以画面讲故事，故事才是主要的重点！他一直苦苦思索的是：

究竟要画什么题材，什么内容呢？

有一次跟市川立夫聊天时，蔡志忠提到"庄周梦蝶"的故事：

有一天黄昏，庄周梦见自己变成了蝴蝶，他拍拍翅膀，果然像是一只蝴蝶，快乐极了。这时候，他完全忘记自己是庄周。

过了一会儿，他在梦中大悟，原来那得意的蝴蝶就是庄周。

究竟是庄周做梦，梦到自己变成蝴蝶；还是蝴蝶做梦，梦到自己变成庄周？

市川立夫说："好像柏拉图也有类似的故事。"

蔡志忠猛然想到：何不将先秦诸子百家思想画成漫画呢？刚好他随身带着几本《庄子》《老子》《墨子》哲学著作，当下便开始研读《庄子》。

蔡志忠发现自己跟庄子很像，追求天人合一、清静无为、凝神寂志，不把名利看在眼里。庄子首创以寓言方式谈哲学，很适合用漫画表现，里面有很多有趣的故事：

得鱼忘筌

庄子说："筌是用来捕鱼的，鱼捉到之后，筌就可以舍弃了。捕兽器是用来捉兔子的，捉到兔子以后，捕兽器便可以舍弃了。文字是用来传达思想的，直接去了解思想，不要去看文字表面。"

朝三暮四

有个养猴子的人拿橡子喂猴，有一天他对猴子说："早上给你们吃三个，晚上吃四个好不好？"

猴子叫道："不要，不要。"

他又说："那么，早上吃四个橡子、晚上吃三个好了！"

猴子开心了："好好好！"

邯郸学步

燕国有个小孩，到赵国邯郸学习步法。

但是，他非但没有学会邯郸人的步法，反而把自己原来的步法忘掉了，只好爬着回家。

养生主

庄子说："人生命有限，知识无穷。以有限生命，去追求无穷知识是非常危险的。知道危险却以为知识使你聪明，那就更危险了。"

蔡志忠把庄子思想改编成漫画，仅仅用了10天，他已经完成整本《漫画庄子说》的草稿。

日本讲谈社看到《漫画庄子说》的画稿，当场答应跟蔡志忠签约，出版"漫画诸子百家"系列。

一般人认为，漫画不外乎画一些幽默讽刺的主题，但如果你问蔡志忠："漫画可以画什么？"他一定会反过来问你："有什么不能用漫画画？"

蔡志忠的《漫画庄子说》《漫画老子说》《漫画孔子说》，还有后来画的《漫画微积分》《漫画几何》《漫画物理》，都是基于这个理念。

台湾圣严法师曾这样评价蔡志忠，画只是他的技术，思想、内涵则必须花很长的时间去学习、思考、消化以后，才能用画呈现出来。所以，漫画是他的天才，思想则是他的功夫。

第6讲

做到极致，无限疯狂

人生其实很简单，把自己最拿手、最喜欢的做到极致，那你便一定会成功。

——蔡志忠

蔡志忠曾在他的自传中透露了一个人生秘密：

生命的至乐不是享受美食，不是度假旅游，不是奋斗之后的功成名就。

而是制心于一处、制身于一境，完成自己的梦想。

在椅子上一坐就是 58 个钟头，只为了完成一个动画片头；

42 天没有打开门，只为了做一件事；

只身到日本 4 年，画"漫画诸子百家"系列；

闭关 10 年又 40 天，研究物理数学……

没有手机，没有手表，蔡志忠说自己习惯一整段时间做一件事，他一辈子都在做"一件事"，一辈子都在创作。如果哪一天没有能力创作，那还不如死去。活着就是要创作，随心所欲地创作，凡事都把它做到止于至善，结果会比你期待的还要好十倍。

对蔡志忠而言，世界上好像没有什么难事。

画漫画，他要求自己既快又好，每一天都要有进步。

拍动画电影，开创中国台湾有史以来最高票房纪录，获得金马奖。

出书，第一本就成为中国台湾最畅销的书。

3个月学会打桥牌，一年后就成为中国台湾冠军。

收藏佛像，30多年收集了6000多座。

研究物理，闭关10年，画了16万余张物理数学画稿，写出的文字超过1400万字，结成《东方宇宙四部曲》。

他说："人生其实很简单，把自己最拿手、最喜欢的做到极致，那你便一定会成功。"在他看来，长期做自己喜欢的事，把它做到顶尖，成功自然就会来了。然而，那个过程，尽管有起伏，但更多的是快乐。做自己喜欢的事情，再难也是幸福的。

一封"少年猖狂"的信

蔡志忠至今对他人生中第一份工作——在集英社画漫画的日子难以忘怀。那是他人生之船启航的地方。

那时集英社有五六位漫画家，蔡志忠年纪最小。他们每天加班，往往画到半夜，有时会到巷口吃夜宵。对一个乡下孩子来说，水饺、锅贴、包子、阳春面都是从没吃过的新鲜物，有一天深夜，蔡志忠跟大家一起到巷口路边摊吃夜宵，这也是他人生第一次吃麻酱面。

"世上怎么有这么好吃的面？"直到今天，蔡志忠还是觉得麻酱面是天下美味。一碗清粥、一盘腐乳就是上等美食，他并没有因为有名有钱而改变自己的口味。

由于一心扎在热衷的漫画中，蔡志忠并不太想家。但一个菠萝心唤起了他的思乡之情。

在乡下，菠萝并不是稀罕物，小孩子经常能够吃个痛快。但初到台北闯荡的蔡志忠手头并不宽裕。有一天他经过一家水果摊，看到摊位上摆满了切好的菠萝，一股思乡之情涌上心头。

一个菠萝切成四片，一片五毛钱，菠萝心一毛钱，他舍不得花五毛钱，拿出一毛给小贩："老板，买一根菠萝心。"

他边走边嚼着菠萝心，满嘴都是故乡的滋味。

匆匆过了一个月，马上到第一次领薪水的日子。老板看他画得又快又认真，当即加薪一倍，从原本讲好的一个月300元，涨到600元。

人生第一次领薪水的蔡志忠兴奋极了，他立刻到邮局汇了450元给父亲。蔡志忠说，他把一半多薪水寄回家，纯粹是为了内心那份骄傲，他想证明自己的确能靠画漫画赚钱。他还附一封信给父亲，简单叙说生活状况，最后加了一段话：

爸爸，你是全乡书法第一，但我不仅要做全花坛乡最好、全彰化最好、全（中国）台湾最好的漫画家，有一天我要成为亚洲最好的漫画家。

蔡志忠说，只因第一次出版漫画，第一次领薪水兴奋过度，才写下这段少年猖狂的话。直到22年后，我拍《七彩卡通老夫子》卖座中国台湾第一，连续获得金马奖最佳动画片和十大杰出青年奖。父亲送我一张他特地为我写的书法——"名震亚洲"，那时才猛然发现：原来父亲一直牢记这封少年猖狂时代所写的信。

我相信只要持之以恒，死命地做一件事，一步步向前，总有一天能抵达梦想的彼岸。

匠人的极致

在《成为巴菲特》的纪录片中，有这样一个片段：比尔·盖茨的妈妈邀请巴菲特和其他朋友来家里做客。大家在一起玩了个游戏，每人要在纸上写下一个对自己帮助最大的词，大家不能讨论。揭晓的时候，人们的答案五花八门，但只有盖茨和巴菲特，在无任何交流的情况下，同时写下了"专注"一词。巴菲特一生从来没有把时间浪费在自己不喜欢或是不擅长的事情上，而只是专注一件事，恰好这件事赚钱了而已。

在台北集英社画漫画的日子，对蔡志忠来说，是非常充实的。他经常沉浸在自己的世界里，画到夜里两三点。并不是画得慢，而是他达到了一种近乎疯狂的状态。

蔡志忠从 15 岁画到 20 岁时，漫画从一张 8 毛钱涨到 1.5 元。当时画漫画必须非常快，一个月要画 456 张，这样在台北的生活才刚刚好，可以去看电影，可以做衣服，可以买唱片，所以他就训练自己画得非常快。

有一次跟同屋的同事比赛看谁画得速度快，他悄悄到附近小旅馆租了一间一天 20 块钱的小房间，画了两个通宵，然后带着画好了的 150 张画稿回来，他赢了，赌注是一张电影票。

直到今天，蔡志忠依然保持着年轻时疯狂投入、做到极致的习惯，无论研究物理、数学或佛学，他都全然投入其中。对自己喜欢的事物，聚焦似的全力以赴，对于跟自己无关的事物除了概略知道，都失焦予以忽视，这种专注精神使他深觉获益。

小镇上有一家很火的面包店，老板是一位手艺非凡的面包师，周边乡镇的人都会慕名前来购买面包。很多人都想知道他们的独家秘方到底是什么。

有一天，一个年轻人来店里应聘当学徒，他其实最想学的是老板做面包的秘方。但是几个月过去了，他一次又一次观摩了老板制作面包的过程，却没有发现什么特别之处。但神奇的是，他做出的面包却口感独特。

终于有一天，年轻人忍不住问老板："为什么您做的面包如此美味？秘诀是什么？"

老板笑了笑，反问道："这个世界上有很多美食佳肴，我却只做面包，你知道是什么原因吗？"

"因为您擅长做面包。"年轻人回答。

老板说："是的，但我并不是天生就擅长做面包。只有专注才会擅长，擅长了你就会更专注。制作面包虽方法相同，但揉面力道、加水量和烘烤火候这些不起眼的差别其实很有讲究。专注是品味、领悟你所熟悉事物的每一环节，每一寸气息，将这所有发挥到极致。"

原来秘方并不在表面，而在于用心感受和专注，将擅长的事做到极致。

将普通的事做到不凡，将擅长的事发挥到极致，这就是成功者优于普通人的地方。

誉满天下的瑞士手表，每一块都被精心打磨、倾力雕琢。

一丝不苟的意大利手工鞋匠，追求完美，成为世界鞋业之牛耳。

日本追求极致的匠人精神也是专注带来成功的有力证明：

"我要做日本最好吃的拉面""我要制作出日本最好吃的点心"……在日本影视作品中经常能听到这样的台词。在日本，无论是拉面师傅、家具工匠还是艺术家，虽然"外壳"不同，但是核心气质是一样的，他们都是匠人。作为匠人，最典型的气质是对自己的手艺拥有一种近于自负的自尊心，并为此不厌其烦，不惜代价，但求做到精益求精、完美、再完美，这就是他们的匠人精神。

对匠人们而言，工作做得好坏，和自己的人格品质直接挂钩。也正因如此，他们对自己的工作极度认真。他们对自己每一个作品都力求完美，因为作品代表的是自己。

秋山木工是日本一家木工"小作坊"，创办于1971年。创办时只有34位员工，但就是这家不到40人规模的公司，年销售额竟高达11亿日元。秋山木工的家具均由工匠手工打造，它是日本皇家指定的家具特供厂家，日本宫内厅、迎宾馆、国会议事堂、知名大饭店等，都是秋山木工的客户。

创办者名叫秋山利辉，27 岁那年创办了"秋山木工"，为了培养出真正的匠人，他还专门办了一所学校，学校采取学徒制，要学习 8 年，学费一分钱不收，还有奖学金。但学校要求极为苛刻：8 年学徒期内，无论男女一律剃成光头，这是为了让学徒们全身心投入学习当中，如果决心不够，就无法坚持到底。学校禁止使用手机，只允许和家人书信联系。在一年的学习期间内，只有 10 天假期，即使父母探望也不准见面。禁止接受父母汇寄的生活费和零用钱，只有使用自己辛苦工作赚来的薪水，购买被称为"工匠生命"的工具才会珍惜。

正是这种心无旁骛、把一件事做到极致的匠人文化，让曾是价廉质劣代名词的"日本制造"成为精品的代名词，也使得在第二次世界大战中几乎输掉一切的日本实现了经济立国的目标。

不成功便成仁，这种想法似乎偏激，似乎是一个赌徒的孤注一掷，但何尝不是一种置之死地而后生的坚守？格力集团董事长董明珠谈到自己如何使格力电器取得如今的成就，那就是抱着必胜的决心，把一件事情做到极致，成功自然会青睐你。

在蔡志忠看来，我们的心，像是一个功能优良的摄影镜头，好的镜头可以精确无比地对准所要拍的对象，令前景背景失焦，凸显主题目标。无论我们做什么，能有多大的成果与收获，完全要看我们投入得多深、聚焦得多准。无限疯狂才能达成最大的聚焦能力，向无限深处投入，让内心的热情继续燃烧，才会抵达成就的临界点。当一个人进入强烈的焦点，便会发现时间是不存在的。一分钟犹如一天，一天长如一年。

无限疯狂地投入后，我们才知道自己到底有多爱所投入的对象和自己的底线，更重要的是让热情燃烧到临界点之后，工作再也不是工作，不需要毅力，没有苦与累这回事，有的只是无限积极。

这也成为蔡志忠受用一生的法宝。

孤寂是创造力的来源

没有孤独，什么事都干不了。

——毕加索

"我像是大海孤岛上无穷多数沙粒中的一粒沙；远离红尘、在寂静彼岸、享受孤寂。双眼饮尽晨曦、落日的华丽，双耳倾听满天星斗悄悄私语。"在给朋友的一封邮件中，蔡志忠用诗一样的语言写道。

每天凌晨 1 点钟起床后，蔡志忠第一件事就是花上 15 分钟，孤寂地面对星空思考，并问自己 4 个问题：

1. 我这辈子到这个世界上来到底是为了什么？

2. 今年我要完成哪些目标？

3. 近段时间主要做什么？

4. 今天我要如何安排？

当他把这些问题想清楚了之后，便立刻将自己的精力全部聚焦到手头的工作，心无旁骛地开始一天的工作。就这样，他问了自己几十年。越问目标越清晰，越问精力越聚焦。

1990 年，42 岁的蔡志忠功成名就，移民温哥华，过着每天无所事事、吃喝玩乐的生活。有一天，他躺在玻璃屋，仰望着天空中的白云思考，突然觉得自己这样很丢脸，追问自己要"多为别人做点什么"。没过多久，他就找到了新的目标，决定要画《漫画佛经》。于是，他立刻回到中国台湾，研读佛经 3 年，看了数百本佛教经典，记了 24 本佛法笔记，出版了《漫画佛陀说》《漫画心经》《漫画法句经》等一系列佛经漫画。将漫画转向佛学和禅宗的过程，是他"完全融会贯通佛学和禅宗"的过程，使他"一直都置身于佛法形容的禅定状态中"，对他的人生和事业是一次极大的提升和洗礼，为之后走向巅峰补足了能量。

这种追问自己的方式，扎克伯格也把它做到了极致。在一次演讲中他专门提到，之所以能够取得今天的成就，就是靠不断问自己为什么要做这件事。他说，我从来不知道自己如何去做，我只是不断地追问自己为什么要做。每当碰到困难时他都这样问自己。特别是在创业初期，有资本要以高额的溢价收购Facebook，所有的董事会成员和股东都想卖掉公司，把公司变现了事，扎克伯格就是靠这样不断地追问坚持了下来。

蔡志忠喜欢享受独处，享受思考。他说："思考犹如置身于美得不敢发出赞叹的仙境里，生怕一丝轻微的声响扰动了眼前的美景。"

创造，就必须摆脱所有的制约，否则，你的创造力什么都不是，只是一种拷贝，一种复制品。唯有成为独立的个体时，你才能创造。当你仍属于群众心理的一分子时，你无法创造。

创造者无法依循前人的脚步，必须寻找自己的路，舍去群众的心理状态，一个人单独前进。所有的创造者如画家、舞者、音乐家、诗人、雕刻家等，都必须放弃社会上的地位，过着波希米亚式的流浪者生活。

"孤寂是创造力的来源，孤独是寂静的彼岸。"蔡志忠说，"我喜欢孤寂，我喜欢创作。虽然画漫画50多年，但我每一天都在享受，一生从没有把画画当成工作。"

蔡志忠很爱孤独，很享受置身孤寂中做事。"当我们的焦点完全处于自己所热爱的事物上，又能迅速完成，这时就像神灵附身一样，万籁俱寂，唯一会听到的只是笔在纸上的唰唰声和自己的心跳声，那种快乐就像一个农夫秋天收割稻子，用镰刀把稻子割下来的愉悦声音。好像整个宇宙唯有自己一人存在。"

"这时，大脑会源源不断地分泌内啡肽，一股莫名的快乐由头部缓缓向下传递，充满全身，舒畅得有如一股甜蜜的河流缓缓地通过身躯。"

蔡志忠说，这种美好感受，除非自己亲身经历，否则难以用语言文字跟别人形容。

每逢这种情境，他常常会不由自主地赞叹："生命真是美好。"

1985年,37岁的蔡志忠只身一人前往日本画"漫画诸子百家"系列，一画就是4年。当时的东京有1000多万人口，但对他而言，却有如空无一人的北极冰原。他曾这样写道：

我像走在北极的一匹狼
宇宙孤寂得唯有一人存在

偌大的冰原
唯一会动的只是山雀的眼睛

宇宙孤寂得唯有一人存在
默默无言、朝向梦想
唯一会听到的只是那颗炙热的心

正在工作的蔡志忠

犒赏自己的"棒棒糖"

　　念初中时，蔡志忠很爱下象棋，棋力还不错。后来经营卡通公司时，一次偶然的机会，他接触到了桥牌。于是他便经常到国际桥艺中心打桥牌。一年后，他便赢得人生中第一座桥牌奖杯。

　　1984 年，蔡志忠拍《乌龙院》动画电影时，为了赶在暑假上映，整整一个半月时间，整个公司每天加班到凌晨 3 点，身为老板的他除了画《乌龙院》动画，还要画漫画稿。即便这样，每到傍晚 6 点半他依然到桥牌社打桥牌，还赢得了那一年中国台湾桥牌正点累积最多的年度正点总冠军。

有人问他："你天天来打桥牌，怎么有时间画漫画动画？"

他开玩笑说："你知道吗？其实有 3 个蔡志忠，每天轮流画漫画、做动画、打桥牌，今天轮到我这个蔡志忠来打桥牌。"

蔡志忠说，打桥牌可以纾解工作压力，也是犒赏自己努力工作的"棒棒糖"。在打桥牌的过程中，可以发现自己的思维能力处于巅峰与否。通常到国外参加国际比赛时，是他智商最高、思维能力最好的时候。

到 2013 年，他参加过数不清的中国台湾桥牌比赛，参加了 10 次亚洲杯、2 次奥运、1 次百慕大杯桥牌世界大赛，赢得 125 个桥牌冠、亚军奖杯。

六千佛像森林

1990 年，不甘心老死在温哥华的蔡志忠决定回到中国台湾画漫画佛经。

这之后的 3 年里，他在台北、温哥华两地来来回回 26 趟，每次在温哥华只住一两个星期。在台北的日子，他大量地研读佛经。

当时他决定不了是把佛陀画成像《西游记》里的中国式佛陀，

还是袒露右肩在林中修行的印度式佛陀，于是就去古董市场，想买尊佛陀造像来参考。他花了1万元台币，买回来一尊明朝早期的铜佛。回家后，蔡志忠把佛像摆在书桌灯光下，"哇，好美啊"，他一下子被吸引住了。

自此，蔡志忠在收藏铜佛的路上一发不可收。1992—1994年间，中国香港古董街人行道上，铺满了各种古董：西汉高古铜器、北魏佛菩萨石雕、北魏"胡人"彩陶、唐代仕女彩陶、唐马彩陶、字画、文玩、陶瓷器，琳琅满目。蔡志忠则目标明确，每隔3周，就去搜寻铜佛。

开始收集铜佛时，蔡志忠预计将当时的800万新台币积蓄散尽，约买到500尊佛像时，就可以收手，不料一投身其中就是30多年。不知不觉间，他收藏佛像的数量庞大起来，如今已经有6000座。

作家蔡澜去蔡志忠家玩儿时，被满屋的佛像惊呆，调侃道："要是遇到地震，被佛像掉下压死，也是一种相当有趣的走法。"

佛像成为蔡志忠创作的灵感来源。他买书研究，花大半年时间走访祖国大陆、印度、日本等地的高僧及收藏铜佛的名家，整理出佛像的各种手印与体态姿势，以及各种时代佛像的脸孔造型、服饰、佩戴的宝冠璎珞等变化演进，细到极致。

最终有了《漫画心经》《南传法句经》《北传法句经》等一系列佛经漫画。

"曾有位朋友与我谈话到午夜1点才离去，闲聊中谈到淡水有尊铜佛很不错，当天上午 10 点不到，我就站在那家店门口等老板开门了。"这股认真的气势，让一套离散在世界不同角落的药师佛、日光菩萨铸像、月光菩萨铸像竟然在蔡志忠的家里会合了。

蔡志忠收集的佛像

闭关 10 年研究物理、数学

身为漫画家的蔡志忠，喜爱漫画不让人意外，但让人想不到的是，他深受"未知"世界的强烈吸引，喜欢探索宇宙与自然物理的奥义。

在小学时期，蔡志忠就是个求知欲望很强的孩子，经常问老师为什么：筷子为什么在水里是歪的？为什么会有折射现象？为什么空气与水的传播速度不同？以至老师要躲着他走。从那时起，他就期待自己跨越那条"未知"界线的日子能早日到来。

工作后，思索人生目的与未来前途，占据了他大部分思考的时间，直到有一天，台大校长李嗣涔提出现今物理界十大未有结论的问题，再次给予他探索宇宙物理的契机。

1998年9月3日，正值事业高峰期的蔡志忠停止一切日常工作，闭关专心研究物理。"我曾经两度120个小时绝食禁语，试图唤醒内心的阿赖耶识响应宇宙的低语。"他钻研牛顿与爱因斯坦的学术著作，学习数学，并把所有物理理论、方程式全部验算、确认，试图让自己突破现实，重新思考空间、质量以及时间定义等问题。"我期望能一举敲开宇宙物理的神圣殿堂，并窥见隐藏于事物背后的真理。"

物理让蔡志忠痴迷，他喜欢计算方程式，会在浴缸里、马桶旁观察水流，再想办法写个方程式来描述；在他家的厕所，贴满了他还没有想通的数学问题。动脑的乐趣、解开题目时的喜悦，让他"就像进入了一个逆光的房间，门窗都打开了，身体也在发光，我感动得快要跪下来。那种滋味，你只要尝试过一次，就会上瘾"！

家中地板上的物理书籍堆积如山，而物理书堆的后面，则是蔡志忠自修物理、涉猎科学史所做的笔记，装了好几个书柜。他还会找物理学家朋友一起讨论，交换心得，虽然他们花在争辩上的时间比较多。

10 年间，蔡志忠画了约 16 万张物理数学画稿，写出的文字超过 1400 万字，最后结成《东方宇宙四部曲》。

"400 年来，我们都在听西方世界说：宇宙是什么，时间是什么，空间是什么，物理是什么，能量是什么。我们从明朝以来便在这场物理科学发展史中缺席。现在开始由东方接手或许会有很大的突破，因为东方文化思想与西方有极大不同！"

蔡志忠认为，科学研究随着西方人的思考模式进行，已经越来越深入，探究的点越来越小；若要研究宇宙、时间这种大尺度的问题，东方人或许更合适、更具有优势。

"老子是中国最早的物理学家，若要谈宇宙创世，老子的说法绝对正确！"他倡议来一场"东方文艺复兴"，但要先对西方物理史、数学史、哲学史有通盘的了解，才有可能"站在巨人的肩膀上增加一些东西"。

他还根据自己闭关 10 年研究物理的一些心得，推论出几个物理公式。

对这些"蔡氏公式"，蔡志忠的朋友台湾物理学家于海礼说可以"留待宇宙的真理来检验"。

2008 年出关后，蔡志忠很快推出了新书。

很多年来，他凌晨一两点就起来思考、研究、画画。他的工作效率之高，令人难以置信。有时他一个晚上就画完一本，还能作一篇序。他的一本 12 万字的自传只写了 11 天，他说本来 7 天就可以完成。

他的计算机里仅搜集中国画家作品的文件夹就有一万多个，输入文件名花了一个星期时间。"这不是认真，是疯狂。"他如此评价自己。

做自己喜欢的，做到第一

> 找到智慧之前，得找到快乐。
>
> 找到快乐之前，得找到自己。

英国诗人约翰·迈斯菲尔德说过，快乐的日子使人变得聪明。

我们知道自己是什么之前，不可能有真正的快乐。当你在做自己最喜欢的事时，不是在工作，而是在享受。艺术家与文化工作者通常都是感性的，所谓感性就是听从内心的想法行事，不计较得失后果。

让生命原欲展露，点燃心中的黎明。做自己最喜欢、最拿手的事时，当然做得又快又好。

蔡志忠说，一定要找到你这一生最热爱的那件事，没有之二。不是真正的热爱，你会感到很累，无法长久地坚持。你想要的多，你就会很困惑。"虽然天下有万物，我只取孤瓢一饮。"把最爱的那个 1 做到极致，就是 100。但很多人都直接去要那个 100，最后的人生等于零。

成为世界第一专业的原因不是学习，

而是狂热到无法自拔的兴趣。

——蔡志忠

常常有人问他："你为什么要画画？"

他总是回答：

你为何不去问花为何要开？

树为何要长？云为何要飘？

水为何要流？时钟为何要走？

因为花就是爱开，

树就是爱长，

云就是爱飘，

水就是爱流，

时钟就是爱走，

我就是爱画画。

蔡志忠从 15 岁成为职业漫画家，直到今天从事动漫 50 多年，这些年来他每天画画。从凌晨 1 点，连续工作到下午 2 点才吃午饭，并且 40 多年来从不吃早餐，最近几年来每天只吃一两顿饭。除了蛀牙和感冒，他说自己从没有生过病，没去过医院。

由于一生从事自己喜欢的工作，他达到了一种"不累、不饿、不困、不病、不死"的状态。

有人对他说："你真是超乎常人的努力认真。"

他总是回答说："我一生从没工作过，有的只是梦想完成的享受。"

有人说："每天工作 16 个钟头却不累，真难以理解。"

他说："从事需要毅力支撑的事物才会累，当你选择自己的挚爱作为职业，无我地跟焦点谈恋爱，便没有累这回事。"

如果现在你问他："你对自己的一生有何感想？"

他会回答说："日日是好日，处处是天堂。"

弟子问京兆兴善寺惟宽禅师说："天堂在哪里？"

惟宽禅师回答说："就在眼前！"

弟子说："我为何看不到？"

惟宽禅师说："因为你有自我，所以看不到。"

弟子说："你看到了吗？"

惟宽禅师说："有你、有我便不能看到天堂。"

弟子说："无你、无我之时，就可以看到天堂？"

惟宽禅师说："无你、无我之时，还有谁需要见天堂！"

天堂在哪里？天堂不在别处，就在当下眼前！人生在世，世间就是天堂，但只有无我的人才看得到。因为天堂只存在于无我的地方。

专心做一件事情，融入其中，就是"无我"。

智慧的觉悟者产生于寂静的彼岸，而蔡志忠则处于喜悦平静安详的快乐之中。

第二名是头号输家

学习，是为了学会此后一生行走江湖的那把刷子，做自己最拿手的，而不是每样都学一点，样样都不精。

好莱坞大导演史蒂文·斯皮尔伯格十二三岁时，便拍摄电影而两度获奖，高中毕业之前，他三次申请长滩电影学校，均因为糟糕的 C 等成绩被拒于校门之外。

几年前，中国曾出现一位美术天才，但由于他英文不行，而无法进入中国任何美院，他只好向欧洲美院申请入学，并获得全额奖学金出国留学，中国却因为自定义的高考内规，平白失去一位美术超级天才。

著名餐厅主厨责任就是把菜烧好，我们只在意他做的菜好不好吃，谁管他会不会英文、数学？

聪明人往往会在追求卓越的道路上升华自己的优势。

巨人集团董事长史玉柱说过：他永远只做行业中的前三名。而吉列刀片的总裁却更有魄力，他说："要么第一，要么第二，要么退出。"

通用电气前总裁杰克·韦尔奇被誉为"全球第一CEO"，他有一个著名的经营管理思想叫"第一第二战略"，也就是只保留在行业中处于第一第二的企业。曾有一位企业家问他："作为一个中小企业，我们没有足够的钱，实力不够、资源和品牌都非常有限，即使拼尽全力也很难达到第一第二……我们该如何践行第一第二战略？"

杰克·韦尔奇回答："如果你不能在大的方面成为第一，就力争先在小的方面成为第一第二。比如可以首先努力成为你所在的街区的第一第二，然后逐渐成为你所在的城市、所在的国家的第一第二，最后再成为世界第一第二。就像你不能成为第一CEO，你可以成为第一面包师、第一鞋匠、第一服装师。"

第一第二战略更是指人做事的一种精神，就是永远要做到最好，如果你不能在你所从事的行业中成为第一第二，你就不能算做到了最好。人要永远保持这种做就要做到最好的态度，即使我们开始从事的只是一件小事，我们也要力争做到最好。

"第二名是头号输家。"蔡志忠要求自己要做就做最好，如果有追求极致的精神，就能够把工作和产品做到最好，效率就会不断提高，从而成本就会不断下降，越做越好，也就没有敌手了。这是最高级的竞争策略。

越过临界点便会狂热

优秀是一种习惯。对我来说，创作是一种习惯，如果不能创作我很不习惯。

——亚里士多德

在收藏铜佛的过程中，蔡志忠发现"成就感"是支撑持续行为的动力。

从收集杯垫或火柴盒，或各种材质的猫造型或一个马克杯，甚至于垃圾（世界各国有很多垃圾收藏狂）。只要收集达到一定数量，收藏者便会永无止境地疯狂收集。

蔡志忠习惯于每年的除夕夜开始工作，一年工作 365 天，每天工作 16 个小时以上。

是什么力量让他持续不停地画下去？

很小的时候，他就发现支撑自己长期画画的力量，来自完成事物的成就感。

"每当一件工作被我完成 20% 时，我便无法歇手，如同一大块巨石由山顶滚下来，由于重力加速度越滚越快，无法停止，连我自己都挡不住。例如此前，为了在 3 个新成立的网站卖我的原画真迹，本来计划只画 300 张禅境水墨画，当我画了 100 张之后，我便制止不了自己的手，而疯狂地持续画下去，直到两个礼拜内画完 836 张画时才戛然而止。"

如果我们在黑暗中永无止境地爬阶梯，看不到终点，也回顾不了自己到底爬了多远，那么任谁都会爬得很累，而停止不再继续往上爬。

如果我们能看得到终点，抵达终点是支撑我们继续往上爬的动力。

或是我们看不到终点，但能回顾自己已经爬过的数千个阶梯，回顾自己已经完成的成就是支撑我们继续往前的力量。

蔡志忠很喜欢一边画画，一边数自己到底完成了多少张画，回顾自己完成了多少工作，而这也是支撑他两个星期画836张画的动力。

蔡志忠说：

我画画50多年，早已体会一个真理：

当速度比预期的还快，就会越画越快！

当效果比预期的还好，就会越画越好！

最后的结果便会越画越快、越好。

相反的：

当速度比预期的还慢，就会越画越慢！

当效果比预期的还差，就会越画越差！

最后的结果便是从此不再画画。

当你在做的过程中，要比其他人快，比其他人好。蔡志忠每一次开画展都会要求自己这次要比上次快，还要比上次好，而价格要比上次更贵，这样他就会进入第三个状态，就会身心合一、排除一切。

蔡志忠还特别强调，"时间越大段，越有价值，花越长时间去做，成就越大。别人 7 天一个周期，我是 365 天一个周期"。

蔡志忠不用手机，不戴手表，只用电子邮件与外界联系。在他看来，大段代表"一"，打断就是切断，打断越多越没有价值，到最后变成了零。这让我们反思碎片化的现代社会对我们的影响。

第7讲

自己的问题，自己找答案

北京四中前校长刘长铭说过："所谓起跑线，不是提前学英语、上奥数，上各种培训班。真正的起跑线是当学生产生一种理想信念，为自己人生树立目标，在目标的驱动下主动发展、主动学习的时候。教育最重要的使命就是让孩子能够具有终身学习的能力。"

人生的两个硬币

一个穷人到旷野中求见神，神从荆棘的火焰中现身。

穷人说："神啊！我一个月只赚两个硬币不够生活，该怎么办？"

神说："你应该拿一个硬币去生活，另一个硬币去缴学费学习。"

"两个硬币都快不够生活了，为何还要拿一半的钱去学习？"

神说："不这么做的话，你永远只能赚两个硬币。"

每个人刚生下来时，其实条件相差都不大，但通过不同的学习，后来的人生发展便相差很大。

教育的目的不只是考试成绩与文凭，而是在于激发学生的潜能，及早帮助学生走向正确的人生之道。

学习不是为了应付考试，而是为了获得能力！

在蔡志忠看来，学习的关键是：

及早学会自我学习的能力，然后自发性学习，把学习视为天性，终身学习。

"问题儿童"

蔡志忠六岁上小学，他至今仍清楚地记得第一堂课发新书拿到课本时，闻到一股很强烈的油墨味。当时他的第一直觉认为这味道就是"知识"！

女同学拿到新书回家后，喜欢用月历纸细心包好新课本。而他总是迫不及待在当天就把所有课本先看一遍，先了解这个学期要学的到底有哪些知识。

上学没多久，蔡志忠便成了全校出了名的"问题儿童"。

负责教数学、自然、地理的是一位名叫李再兴的老师。

"学问就是要学，要问！"有一天李再兴老师上完数学课后，有感而发地对全班同学说，"课堂上不懂，上课时问；课外问题不懂，下课后问。"

深以为然的蔡志忠下课后急忙跑去问李老师："老师，老师，为什么筷子放进水杯中会弯曲呢？"

李老师说："因为光的折射，使筷子看起来弯曲了。"

"那为什么光会产生折射？"

李老师说："因为光在空气中的运动速度比较快，在水中速度比较慢。"

"为什么光在空气中运动速度比较快，在水中速度比较慢？"

头上直冒汗的李老师只好说："老师明天再告诉你。"

第二天李老师并没有告诉他答案。很明显李老师家里的图书数据不够丰富，而那时又没有百度。没过几天，蔡志忠又抛给老师一连串的问题：

"老师，老师，为什么玩水玩久了手指的皮肤会变皱？"

李再兴老师说："老师明天告诉你。"

蔡志忠又问："老师，老师，米缸里的米虫为什么会无缘无故地从白米中生出来？"

李老师说："老师明天再告诉你。"

之后，蔡志忠问了李老师很多关于人生或是宇宙、时间等问题，得到的答案都是："老师明天再告诉你。"

面对这个"问题小孩"，李老师手足无措。

有一天课间，蔡志忠从教室走出来一眼看到刚从教师休息室出来的李老师，刚要张口喊"老师"，只见李老师哧溜一下子钻进旁边的保健室。从那一刻起，他便不敢再问李老师了，因为李老师还欠自己 23 个问题没有回答。

从这件事，蔡志忠认清一个道理：**老师不是万能的**。除了课本，他知道的事物并没有比自己多多少，而且他所能回答的也只是回家从书中的数据里找答案而已。

从此他便养成一个好习惯：**自己的问题，自己找答案**。

蔡志忠后来回忆说，他很能理解李老师，如果真的能追根究底到最终真理，那么李老师便可以拿到诺贝尔物理奖了。

李再兴老师为学生们做了一个很好的示范：不知道就说不知道，不会跟学生瞎掰，也没有找借口。

为了感谢他，蔡志忠在《物理天问》这本书的扉页写着：

谨以此书献给我的小学老师：李再兴老师。

上小学时，李再兴老师说："学问就是要学、要问！课堂上不懂，上课时问；课外问题不懂，下课后问。"

于是我一有不懂的便问李老师，问到他只要看到我便刻意闪开！因为他还欠我没有回答的 23 个问题。李老师教我学习最重要的是要问问题，同时他也展现出不知道就说不知道的正确治学态度。我因而养成从小就很爱自己问自己问题的习惯，无论是人生或是宇宙、物理、时间等问题，也养成自己的问题自己寻找答案的习惯。

谢谢李老师！

美国物理学家费曼说："每个小孩都会问为什么太阳每天都会

由东方升起来，为什么水会往下流，为什么天空会出现彩虹。"

妈妈会回答说："这些问题等你长大以后到学校，老师会告诉你。"

孩子到学校之后，老师却回答说："这些问题跟你长大以后要做的事没有关系。"

从此，大部分小孩就不再问这些问题了。于是他们长大以后就变成会计师、律师、公务员。

但有一些小孩，还是继续对这些问题保持高度兴趣。于是他们长大以后就变成画家、诗人或理论物理学家。

蔡志忠从小就很好奇，很喜欢问问题，原本他天真地以为问题越难，便越难以找到答案。后来他发现："一个简单的问题的确只有一个答案，但是一个复杂的问题会有100个答案！现在新的问题产生了，那100个回答里面有没有真正的答案？"

由此他悟出一个道理：自己的问题，自己找答案！除了自己，别人无法帮助你。

自学成功的典范

学习的关键是：及早学会自我学习的能力，自发性学习，所得到的效果百倍于跟老师学。

——蔡志忠

从 9 岁起，蔡志忠便开始自主学习，无论是学画漫画、做动画，还是后来学日语、学英语，甚至物理、数学、东方哲学、佛学、禅宗，即使是打桥牌，他都是自学而成的。在他的家里有千余本排列整齐的笔记，都是他以图文并茂的方式记录下来的自学心得，包括老庄思想及佛法要义，还有他在 50 岁后，兴趣转向物理、数学及时间等领域，闭关多年潜心研究自创的科学公式。

他说："事实上，每个人的学问几乎都是通过自学、终身学习得来的，经过消化才变成自己的血肉。"

而他的秘诀是"尽早学会自己独立学习"。

从小自学画画

蔡志忠从来没上过画画班，更没有老师教他，从小就自己摸索，小学课本和作业本的白边上，到处都活跃着他信手涂鸦的小人国。考上中学后，他将书报、杂志上的漫画拿来细细揣摩，然后将心中的构思画在纸上，试着向出版社投稿，他的画稿经常被刊载，初中二年级便被台北一家出版社请去做专职漫画家。

20 岁服兵役期间，蔡志忠自修大学美术，他买了很多西洋美术史、中国美术史、色彩学、设计色彩计划、错觉艺术、包豪斯设计学院等书，自己研究中西美术史与现代设计艺术。他边看书边勤做笔记，从希腊罗马时期的拜占庭艺术，到威尼斯画派、浪漫画派、印象画派、唯美主义等。

中国美术史从顾恺之人物画到张大千泼墨山水，有时也会临摹顾恺之、梁楷、吴道子、扬州八怪等人物画作。中国山水画中的留白令蔡志忠着迷，用空无表现意境。这对日后他画《漫画诸子百家》系列有很大的帮助。

此外，他还申请了一张图书馆借书证，一有空就到图书馆看书。

其间，他尝试画了很多欧普海报、副刊插图、刊头，并将这些作品集合成一大本个人图录册页。

森林里有一则学习的故事：

智者猫头鹰教导蚊子、蜈蚣、蛇、风四位学生。

猫头鹰说："各位同学，由 A 到 B 最短的距离是直线，老师先走一遍给大家看。抬起右脚，跨出去。抬起左脚，跨出去。一、二、一、二，于是便从 A 走到 B 了。"

蚊子说："我虽然有三对脚，但抵达目的地最好的方式是用我的翅膀飞过去！"

蜈蚣说："我有五十对脚，无法同时抬起五十只右脚、五十只左脚啊！"

蛇说："我没有脚，该如何？"

风说："我连形体都没有，哪来的脚？"

我们知道老师只是提供老师的方法，每个学生要自我发现自己的特长，而非模仿老师的方法。用自己的方法达成老师所说的目标，这样才能青出于蓝而胜于蓝。

42 岁自学英文

1990 年，42 岁的蔡志忠移民加拿大，他遭遇的第一个问题就是语言。

但对英语，蔡志忠始终是有心结的——初一第一次月考，英文只得了 34 分。一直以来，他常常觉得自己没有英文细胞。不过，在苦学日文成功后，他告诉自己："学语言没什么难的，我不就连日文都学会了！学英文，也要下苦功，用笨方法，自己整理归纳，做笔记，多练习，绝对没有问题的……"给自己打下一剂又一剂的强心针后，在 42 岁这年，蔡志忠终于再度接触隔绝 20 多年的英文，又从 ABCD 学起。

为了加强对单词的记忆，他花了很多时间整理笔记。例如：找出字母类似的单词，归成一类。像 cat（猫）、hat（帽子）、eat（吃），只有第一个字母不同的单词，全部抄在一起，查词典注明音标，这样可以同时记好几个词，有时为加强记忆，他还在旁边画一幅简单有趣的漫画，像"一只猫戴着帽子，正在大吃"之类的。如此的联想，大大提高了学习效率。

关于自学英语，蔡志忠曾这样说：

很多人学了十几年英文，遇上外国人便结结巴巴不敢开口说英文，怕自己说得不正确被人家笑话，这是严重的观念错误。

试想，我们走在北京街头，一个老外用很不通顺的普通话向我们问路，我们只希望他能多说几个正确词，以了解他真正的意思，然后再帮助他而已。有谁会笑他普通话说得不溜呢？

同样地，一个中国人在外国英文说得不正确是最正常的事，没有人会笑话我们。

我擅长自我学习，上学时，老师说："学以致用。"我总认为学习不是"学以致用"，而是倒过来"用以致学"才是有效的学习方法，一句话，我们用过了便永生难忘，学数学、学语言都是如此。

移民温哥华之前，我只会说"Thank you"和"Bye bye"。由于我深信"用以致学"，学习语言必须到当地，由生活中学习会事半功倍。

新移民刚搬进一个社区时，不要一个人四处乱逛，邻居不知道有新移民入住，会引发他们的疑虑，误以为偷渡客而报警。

所以要牵一只狗，到社区周边散步遛狗。

看到隔壁加拿大邻居，便对她说："Hi!"

邻居太太回答说："Good Morning!"

走到第二家，又说："Hi!"

第二家邻居太太说："Good Morning!"

"Good Morning"复习两三遍，发音正确了之后，走到第三家改说："Good Morning!"

第三家邻居说："Beautiful Days!"

走到第四家，又说："Good Morning!"

第四家邻居说："Beautiful Days!"

"Beautiful Days"复习几遍之后，遇到下一户邻居，便改说："Beautiful Days!"

"Where are you from?"

"I am from China，Taipei."

"Where do you live?"

"I live there."手指着自己的家。

邻居兴致大增，想交你这个新邻居，因为词穷，只好说："Sorry，Bye bye!"赶紧闪人回家。这样每天固定一趟散步遛狗进行生活化的英语学习，时间久了，便能慢慢学会英语。

蔡志忠说，人的大脑有如存放东西的抽屉，钥匙乱放，要用时找不到，把钥匙放进抽屉，要用时便能取出来。问题是抽屉已经有100万把钥匙，钥匙一放进去便找不到了。

正确的记忆方法是：**"记住取出来的方法，而不是记放进去的方法。"**

可以想象得到，抽屉里放100万把钥匙，钥匙越大串越容易找到，记忆英文单词也一样，单词连接得越大串越容易记住，单独一个单词反而不容易记牢，因此背诵英文单词要用图像串联记忆法。这也是蔡志忠自学英语的一大法宝。

他很久以前曾在《读者文摘》上看到一篇关于记忆的文章，我们很难记住酱油、盐巴、西瓜、衬衫、浴缸这五种完全不相关的名词，但如果我们把这五种物品组合成一幅荒谬画面：一个人穿着衬衫，坐在浴缸用酱油洗澡，边撒盐巴边吃西瓜。

便很容易记住酱油、盐巴、西瓜、衬衫、浴缸这五件东西，这就是有效的图像记忆法。

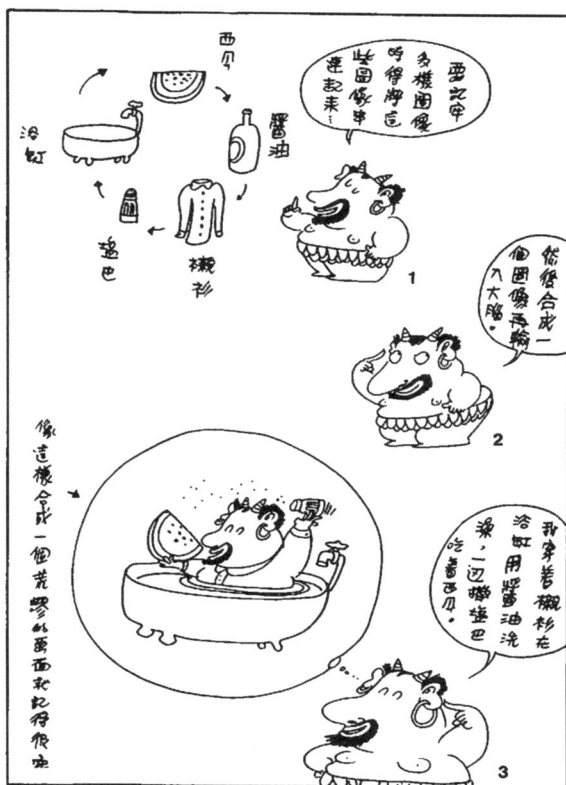

蔡志忠说自己学日语只用了 3 个月，学英文根本不需要死记硬背单词。最有效的方法是用画面思考，用画面记忆，这样几分钟内就可以记住一大串英文单词。

他还总结出一套"独门秘籍"——英文单字符串联记忆法。

首先画出笛卡儿坐标系

X（水平线）

Y（垂直线）相交：

把 A、B、C、D、G、T、Z、PH、ST、TB 写在垂直的 Y 轴；

水平 X 轴写上后续字母 O、N、E；

组合起来便一口气牢记 10 个英文单字。

AONE 头等

BONE 骨头

CONE 圆锥体

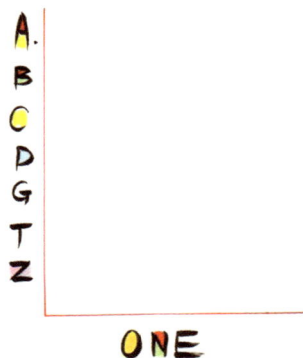

DONE 完成

GONE 消失

TONE 音色

ZONE 区域

PHONE 电话

STONE 石头

T-BONE 丁骨牛排

相同地，把 L、D、P、SP、B、SH、M 写在垂直的轴，平行 X 轴上写后续字母 ARK，然后将它们组合起来。

再把它们串联成一个故事：一只云雀（LARK）去一个黑暗（DARK）的公园（PARK）透过星星之火（SPARK）在树皮（BARK）上雕刻鲨鱼（SHARK）的商标（MARK）。

背一个英文单词，免费送一个单词，这叫买一送一记忆法：

爱 LOVE 的前面加 G

就变成手套 GLOVE

痛 PAIN 的前面加 S

就变成西班牙 SPAIN

雨 RAIN 的前面加 T

就变成火车 TRAIN

雨 RAIN 的前面加 B

就变成脑 BRAIN

容易 EASE 的前面加 PL

就变成请 PLEASE

倾听 LISTEN 的前面加 G

就变成闪光 GLISTEN

赢 WIN 的前面加 T

就变成孪生子 TWIN

现在 NOW 的前面加 K

就变成知道 KNOW

故事 STORY 的前面加 HI

就变成历史 HISTORY

国家 NATION 的前面加 CAR

就变成康乃馨 CARNATION

于是我们便可以把它记忆成为：

手套是 G 的爱、闪光是 G 的倾听、西班牙是 S 的痛，火车是 T 的雨、孪生子是 T 的赢、脑是 B 的雨、请是 PL 的容易、康乃馨是有 CAR 的国家、知道是 K 的现在、历史是 HI 的故事。

蔡志忠还特别指出，千万不要认为自己英文说得不好而不好意思，有时说不出整句只要说几个单词，通常老外也会理解我们的意思。只要张开口说出来就会有进步！

在温哥华时，有一次，蔡志忠跟加拿大邻居 Jim 一起开车到别的省参加一星期的桥牌比赛，回程路上 Jim 跟他说："你的英文回程比去程时进步多了。"

他说："当然，是这个星期跟你学的。"

真正厉害的人都非科班出身

人不一定要专业学习，真正厉害的人都不是科班出身的。爱因斯坦大学毕业后没做物理专业，而是在专利局里当三等专家。

英国物理学家、化学家、发明家法拉第可以说是自学成才的典范。

法拉第的父亲是个铁匠，体弱多病，收入微薄，仅能勉强维持一家人的温饱生活。

家里实在太穷了，没法供孩子念书，法拉第只读了两年小学。辍学后的法拉第上街当了一名报童。后来又到一个书商兼订书匠的家里当学徒。订书店里书籍堆积如山，法拉第如饥似渴地吸收着知识的营养。其中有一本《大英百科全书》深深吸引了他，里面关于电学的知识让法拉第非常好奇。于是他利用废旧物品制作静电起电机，进行简单的化学和物理实验。1831年，他做出了关于电力场的关键性突破，改变了人类文明。由于他在电磁学方面做出了伟大贡献，被称为"电学之父"和"交流电之父"。

通常人们把没有读书叫作没文化，但世界上很多文化名人却没有在学校读过几年书。没有文凭没关系，重点在于是否真正有实力。学习不一定要在学校，任何地方都可以读书。

富兰克林只在学校读了两年书，12岁时到哥哥经营的小印刷所当学徒，但他学习从未间断，从伙食费中省下钱来买书，全靠勤奋自学成才。

林肯没有受过正规教育，成为美国总统之前，他当过工人、水手、店员、邮递员和土地测量员。他自学成才，通过律师资格考试成为律师。

狄更斯出身寒微，父亲是海军会计处的职员，小学毕业后，父亲因债务入狱，狄更斯便开始独立谋生，在皮鞋油作坊当学徒。

高尔基父亲是个木匠，他3岁时父亲便死了，只好跟母亲寄居外祖父家。5年后外祖父也破产了，读了两年书的高尔基只好提前离开学校，他当过鞋店学徒、洗碗伙计、圣像作坊学徒，还在小剧场跑过龙套。

马克·吐温12岁时，由于父亲病逝，他不得不到报社印刷厂当学徒，工作之余他勤于读书，并开始尝试写作，终于走上了作家之路。马克·吐温说："我从来不让上学耽误我的学习。把孩子们送进学校，从书本里学一些他们不懂又毫无用处的东西，依靠死记硬背，像鹦鹉学舌。"

萧伯纳少年时因为父母分居再加上家境贫困，小学毕业后未能继续升学而担当抄写员及会计的工作。他博览群书、练习写作，走上作家之路。

德国诗人赫尔曼·黑塞只在学校上过一年学，便到工厂和书店当学徒。13岁立志当诗人，21岁动笔写作。

有没有文化跟拥有多少文凭没绝对关系，狄更斯、高尔基等人的成功关键在于自发性学习，天生喜欢阅读，加上勤奋写作才成为世界知名作家。其中，萧伯纳和赫尔曼·黑塞还获得了诺贝尔文学奖。

别过度重视学校成绩

没有实力支撑的文凭只是一张废纸。

——蔡志忠

绝大多数家长都重视孩子的文凭，生怕没文凭将来出社会很难混。其实历史上很多伟大人物根本没有完成学业，比如爱迪生只在小学上过 3 个月，范德比尔特、洛克菲勒、卡耐基、阿加莎·克里斯蒂等人都没在学校读过几年书。而初中没有毕业的蔡志忠如今却被多所知名大学请去当校长，做教授。

人生之路不止一条，不一定非要读好大学不可，每个人成长之路不一样，学校的长远目标是鼓励学生把人性光辉发挥出来，这才是好学校。

蔡志忠上初二时，黄界原老师说："读书并不是人生唯一的道路，也不是每个人都能从读书中获得好处。每个人现在就要思考将来要干什么，当你已经决定了自己的人生之路，现在就可以开始做了，千万别等到念完所有的书，大学毕业后才去做！"

从此他便下定决心："只要有机会成为职业漫画家，我便立刻去画漫画。"

蔡志忠告诉年轻人：当每个人都以高考考上名校为目标，就应该先停下来想一想自己是否真的有必要？一个人的成功与否，关键在于个人的专业能力，跟文凭学历没有多大关系。

"我不是反对读书，但为考100分而去学校上课那是为了文凭努力，不叫读书。学习是为了获得才能，而不是考100分，没有实力支撑的文凭只是一张废纸。"

很多位伟大的成功者在校成绩不好，甚至没在学校念过多少书，但也不影响他们后来的成就。

范德比尔特只上过6年小学，上学期间，他无法掌握烦琐的英文语法和单词拼写。

16岁时，从母亲那儿借了100元美金，开创纽约湾的渡轮行业，接着他又投资刚刚兴起的铁路工业，50年后，范德比尔特发迹暴富，成为美国铁路大亨。

他曾多次在公开场合，严厉批判当时的教育模式。

范德比尔特说："我对学校所教的抽象理论非常厌烦，尤其对生搬硬套、死记硬背的教育更是无法忍受。"

美国著名小说《了不起的盖茨比》的作者弗·司各特·菲茨杰拉德小时候无心学业，经常缺课，考试几乎科科都不及格。

菲茨杰拉德成名后，被邀请去他小时候上学的学校参观，学校特意准备一堂课让他观摩，菲茨杰拉德问："哪一位是全校学习最差的学生？"

老师们把一个学生拉到他面前说："他是全校成绩最差的。"

那个学生面红耳赤，不敢抬头。

菲茨杰拉德抚摩着他的头，和蔼地说："你是个好孩子。"

菲茨杰拉德从口袋里取出一枚金币给了他，然后安慰他说："不要在意学校成绩，从前我在这里学习时，成绩总是倒数第一，也被人认为是劣等生。"

很多名人的在学成绩都很差，但是他们心中早已有梦。学习的动力来自真正的执着。所以，成功的关键不在于学校的成绩好坏，而在于用行动完成心中的渴望，实现梦想。

蔡志忠一辈子都在自主学习，他觉得自己学得最快。老师要面对所有的学生，所以教学进度很慢，通常也不太知道你哪里不懂。有一次，他对一位教授说："你是不是常常把该讲的都讲得很详细了，学生却还不懂？""对啊，常常碰到这种困难。"教授回答。蔡志忠说："因为你忘记当初自己是怎么学会的。"

蔡志忠总结，我们之所以学会，不是因为听了很多，而在于一个关键，关键没有学会，就会永远停留在原地，根本不可能跨越。"无论是学问或成就，都不像爬斜坡，只要努力一直爬就爬得到，而是像走阶梯，每一门学问都有困难点，一定要跨过第一阶，才能到达第二阶。但最重要的一点是，人要有热情，就像我常说的，登上喜马拉雅山的那几个人都不需要父母鞭策，宁可冒着生命的危险，都要爬上顶峰。父母鞭策的效果有限，主要还是靠自己学习。所以我认为，学一样东西，最重要的就是自己真正的热情，我在学习时，甚至觉得自己沉浸于光芒之中。"

第 **8** 讲

读书，回报率最高的投资

学习投资很简单，只要愿意读书就行了。

——巴菲特

内容才是王道

有一位妈妈对蔡志忠说："我女儿很爱画漫画，很会画漫画。"

蔡志忠却告诉她："画漫画的主要器官不是手。"

"不是手是什么？"她问。

"画漫画最主要的器官是心。"

"心怎么能画画？"她不解地问。

"首先自己要看比一般人多 100 倍的书，积累很多知识和想法，然后自己编故事，在心里构成一个个画面，最后才透过手把画面画出来。心才是真正画画的主要器官，手只是特别助理。"

蔡志忠从一开始便知道漫画最重要的是：吸引人的故事内容！故事要曲折，剧情要能感动人。他总结出漫画的要领是：

内容！内容！内容！画画技巧只是呈现内容的工具，漫画是内容的手段，漫画只是内容的语言。充满情感的内容才是王道。

他常说当一个漫画家要有三个条件：

1. 会画漫画。

2. 很会编故事。

3. 有用图像讲故事的能力。

如果只有第二个条件，那么便可以成为大文豪莎士比亚、托尔斯泰、伏尔泰、巴尔扎克。

如果只有第三个条件，那么便可以成为大导演史蒂文·斯皮尔伯格、宫崎骏、李安、张艺谋。

如果只有第一个条件——会画漫画，那么对不起！你只能当别人的助理，不能成为漫画家，如同只会写字的人不能成为作家一样。

因为令读者着迷的是故事情节，而不是画画的技巧，是透过画面所呈现的故事内容吸引人，而不是画面本身。

蔡志忠举例说："我的《漫画诸子百家》系列在全世界有49个翻译版本，一共卖了4000万本。主要的原因不是蔡志忠多有名，也不是因为它是漫画，而是因为它是用漫画讲述东方思想！"

终身阅读

一个人一生如果想要获得过人的成就，注定与读书和终身学习形影不离。

——巴菲特

法国哲学家休谟 12 岁时，就被家里送到爱丁堡大学就读，他学生时期就善于思考问题，所以往往显出一副发呆的样子，乃至很像一副不认真学习的样子。

休谟对大学教授都没有好感，他曾告诉朋友说："你根本不能从教授身上学到任何东西，那些东西在书里都有了。"

美国诗人惠特曼只受过 5 年初级教育，做过排字工人，学习过印刷术，编过报纸，当过教师，办过印刷营业所、文具店，经营过房地产。经过一长串人生阅历后，写出世界名著《草叶集》，他靠的就是终身学习和博览群书。

虽然蔡志忠很小就在脑袋瓜里装了 100~1000 个《圣经》故事，但他认为还需要自我训练出创作内容的本领。因此他看尽了所有自己能接触到的书，20 世纪 60 年代中国台湾盛行的《漫画大王》《模范少年》等本土刊登漫画的周刊，都是他课余的最佳读物，《诸葛四郎》《大战魔鬼党》《小侠龙卷风》等漫画，更是启蒙他画画的样书，连学校课本的空白处，几乎都留有他涂鸦学习的印记。他每天不停地画，最后还能自订成册供同学浏览。

此外，《农友》《拾穗》《皇冠》《创作》《小说创作》《小说侦探》《今日世界》《新生儿童》等杂志和《三个火枪手》《铁面人》《基督山伯爵》《大卫·科波菲尔》《鲁滨孙漂流记》《悲惨世界》《汤姆·索亚历险记》等世界名著是他的"好朋友"。

虽然蔡志忠在学校只上到初中二年级，但他看过3万本书。在飞机上、躺在床上、等车时，完全不受时间和空间的限制，他甚至说自己躺在浴缸里读的书可能比大多数人一生读的还要多。

蔡志忠说：如果落难于荒岛，并只能拥有一物，他最希望带在身边的是纪伯伦的散文诗集《沙与沫》或是《先知》。

他认为，人必须终身学习、终身阅读，书随时随处都能读，不一定要在学校课堂里才能读书。

在蔡志忠看来，读书是回报率最高的投资，例如，5007个字的《道德经》，只要花二十几元和一个小时，便能获得老子花一辈子体会出来的智慧。庄子耗尽一生写了8万多字，我们只需要一本书就可以阅读他的一生，还有什么买卖比阅读更值得投资？

全球著名的投资大师沃伦·巴菲特被誉为"股神"，他对资本市场拥有天才般的洞察力，每年5月的巴菲特股东大会更是成为全球投资者的朝圣之地，而与巴菲特共进午餐的机会更是被拍卖

到 3000 多万元人民币的高价。在巴菲特看来，学习投资很简单，只要愿意读书就行了。

　　曾经有人问巴菲特是如何工作的，巴菲特却这样概括他的日常工作："我的工作是阅读。"没有大量的广泛阅读，你根本不可能成为一个真正的成功投资者。

　　在一部耗时两年制作的纪录片《成为沃伦·巴菲特》里，巴菲特展露了自己最真实的一面，揭秘了他成功的法宝。

　　巴菲特一生致力于学习和研究股票投资，在学习这一件事情上他极为专注。

　　他从小就开始阅读和学习所有与股票投资相关的书籍。在他读遍了父亲所有的收藏后，他来到了哥伦比亚大学图书馆，在书的海洋里如饥似渴地阅读。

因为一生勤奋和专注地学习，巴菲特成为当时美国历史上在股票投资领域最有知识和经验的人，并收获了巨大的财富。

巴菲特说，每个人终其一生，只需要专注做好一件事就可以了。

巴菲特每天大部分时间都是一个人在办公室度过的。他每天花大量的时间阅读各种新闻、财报和书籍。他的办公室没有电脑，没有手机，只有身后书架上的书籍和一桌子摊开的新闻报纸。

关于巴菲特读书之多这一点，他的合伙人查理·芒格曾经评价："我这辈子遇到的来自各行各业的聪明人，没有一个不每天阅读的——没有，一个都没有。而沃伦读书之多，可能会让你感到吃惊，他是一本长了两条腿的书。"

爱迪生说过："读书对于智慧，就像体操对于身体一样。"

锻炼与不锻炼的人，隔一天看，没有任何区别；隔一个月看，差异甚微；但是隔五年十年看，身体和精神状态上就有了巨大差别。读书也是一样的道理，读书与不读书的人，日积月累，终成天壤之别。

有人可能会问："我读过很多书，但后来大部分都忘记了，这样的阅读究竟有什么意义？"

当我们还是个孩子时，吃过很多食物，现在已经记不起来吃过什么了。但可以肯定的是，它们中的一部分已经长成我的骨头和肉。读过的书其实早已融进你的骨血，只要一个触动点，就会喷薄而出。

三毛说过："读书多了，容颜自然改变。许多时候，自己可能以为许多看过的书籍都成了过眼云烟，不复记忆，其实它们仍然是潜在的。在气质里、在谈吐上，在无涯的胸襟里，当然也可能显露在生活和文字中。"

全世界每年阅读书籍数量排名第一的是犹太人，平均每人一年读书64本。

自诺贝尔奖设立以来，犹太人共拿走了20%的化学奖、25%的物理奖、27%的生理与医学奖、41%的经济学奖、12%的诺贝尔文学奖，同时还拿到了1/3以上的普利策奖、1/3以上的奥斯卡奖。而犹太人在世界上的人口只占0.3%。

阅读是生命前行的动力，回望时的坐标

如果一个人没有在童年时期就体验过面对书籍进行深思的激动人心的欢乐，那就很难设想会有完满的教育。

——苏霍姆林斯基

书本是你的好友，

书架是你的庭院，

应该为书本的美丽而骄傲！

采其果实，摘其花朵。

苏霍姆林斯基是苏联一位令人仰慕的学者。他既有深厚的学术素养，又有丰富的教育实践。他尤其推崇读书对于孩子成长的重要性。他曾提出，为什么有些学生在童年时期聪明伶俐、理解力强、勤学好问，而到了少年时期，却智力下降，对知识的态度冷淡，头脑不灵活了呢？就是因为他们不会阅读！

真正的阅读能够吸引学生的理智和心灵，激起他对世界和对自己的深思，迫使他认识自己和思考自己的未来。没有这样的阅读，一个人就会受到精神空虚的威胁。无论什么都不能取代书籍的作用。

每天不间断地读书，跟书籍结下终生的友谊。潺潺小溪，每日不断，注入思想的大河。读书不是为了应付明天的课，而是发自内心的需要和对知识的渴求。

有人曾这样问著名媒体人杨澜："女孩子上那么久的学、读那么多的书，最终不还是要回一座平凡的城，打一份平凡的工，嫁作人妇，洗衣煮饭，相夫教子，何苦折腾？"

杨澜说，我们的坚持是为了就算最终跌入烦琐，洗尽铅华，同样的工作，却有不一样的心境，同样的家庭，却有不一样的情调，同样的后代，却有不一样的素养。

阅读是生命前行的动力，回望时的坐标。

读书和学习是在别人思想和知识的帮助下，建立起自己的思想和知识。

——普希金

"从来没有人为了读书而读书，只有在书中读自己，在书中发现自己，或检查自己。"法国作家罗曼·罗兰曾这样说。读书，读的是自己，是在其中不断验证心智模式，刷新对世界的认识。那些筛选出的精华，有的经得起数十年反刍，有的经得起一辈子。

很喜欢董宇辉说过的一段很有力量的话："我沾了阅读的光，修了心，也修了容颜。所以总觉得，读过的书里是藏着一些福气的。它不能立竿见影解决生活中鸡毛蒜皮的琐碎，但能在不动声色之间，带给我丰腴的思想和清瘦的欲望，给我平和的心境和乐观的情绪！从世俗的渴望中解脱出来！不为无意之事，何以遣有涯之生。"

蔡志忠的独家阅读法

看书，就像建房子。

——蔡志忠

蔡志忠说自己读过 3 万多本书。然而在他的家中，比书籍更吸引人的，是墙面上很大一部分用完的笔记本和档案夹，蔡志忠读书和别人不同，他读书很快，且疯狂记笔记，就像他善于把高深的东方智慧、禅宗化为简约的语言和画面一样，他最想讲的是自己如何总结规律和寻找方法。

他书柜中有1600本的笔记夹，内容从微积分、物理、佛学到古文训诂，甚至每天的工作时数，都化作一本本厚实的笔记档案，记录下他这一生丰富的阅历。

"我看书特别快，20分钟就可以看完一本漫画，200多页的物理书只需3个小时。"他认为一般人不会看书，只是在逐字阅读，并让文字沉浮于浩瀚脑海之中，且看完即沉入海底。

"看书，应该要像建构房子般，让每本书的知识，一点点构筑成钢梁、墙壁，并逐步建造成一座完整的房舍。"他看了1000多本的物理书籍，并非将书中的内容完全熟记，而是遇到不一样的论点、知识，才停下细看。

"新的或错误的论述，我要完全搞懂、搞清楚，才会继续。"这样的读书方式，只会让原有的知识越来越丰富且巩固。

"看小说，反而慢，因为所有的内容都是新的。"虽然小说需要较多的时间融入、吸收剧情，他依然能融会贯通并解构出几项结论：

《水浒传》《封神榜》《太平广记》等结构，是以一个主角的故事带出另一个主角的故事。

而有些小说是类似的风格，例如《天方夜谭》也是一个个故事相衔接的结构。

另一种叙述形式，是一人发问多道问题，或众人发问的方式，例如《散财童子》的"五十三参"或纪伯伦的《先知》、圣埃克絮佩里的《小王子》。

还有一种形式，是以旅行为主轴，沿途上却不知会遇上什么怪事，例如《山海经》或《西游记》。

蔡志忠说，无论看什么书，都要让自己的底层功夫更显扎实，增长智能。很多人读书，只能叫扫描文字，把书背进大脑，再通过嘴巴讲出来，却完全没有理解书中的智慧。

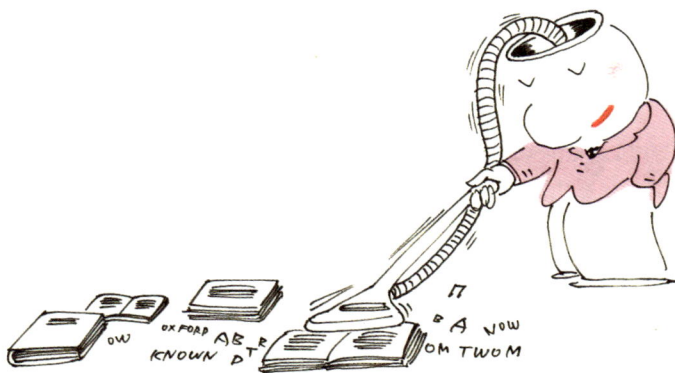

他说读书要进行主题性阅读。先设定一个主题，然后去阅读。

他研究物理，先阅读了160本物理方面的书，然后才开始自己的研究。

"当我选定了主题，就会阅读相关书籍、深入研究，再转化成图画与文字心得，无形中更加深了这门学识的印象。"

阅读的过程，像在建大楼的钢架，会形成自己的结构体系。

看书学习，就可以找出规律。当他想画第一本漫画佛经时，是在阅读了 50 多本经书，并前往寺院、道场与法师们谈论禅理，之后才汇整出一本《禅说》。

"你如果找到了规律，可以使银行的钞票变成自己的户头，可以使一个漂亮的女生变成自己的老婆，使一本书畅销 100 万本，使桥牌冠军的奖杯拿到自己手上……"

蔡志忠特别提醒年轻人，"现在几乎所有人都在刷手机，那个是信息，信息创造不了财富。信息、知识、智能都换不了钱，流动的智慧才能换到"。

"看书，像看电影一样看着玩，是可以的。但你也可以从书中学会自己需要的技能，然后行动，把自己培养成专家，你就可以比别人厉害 100 倍。"

第9讲

人这辈子不是要去
换人民币的

生命不是用来换取财富、换取名利的，这些都带不走。

而是尽情做自己，完成自己的梦想。

一个馒头打发一天

蔡志忠说自己的资产超过 20 亿元人民币，但他每天的消费不过二三十元。

白衬衫，衬衫左胸上有一个口袋，插着几支笔，米色休闲裤，帆布鞋，无论是开画展、举行新书发布会，还是日常的出门、会客，一年四季几乎都是这身打扮，20 年没变过。甚至好几次，他在参加电视台的节目录制和新书发布会现场，被人发现衬衣的肘部和裤子还带着磨破的洞。

年轻时，为了在事业上取得成就，他给自己定了一个原则：把生活尽量简单化。吃饭，最常吃的是方便面，每个月要吃掉几十包；穿衣，几乎每一条裤子都穿到磨破为止。

他曾经一下子买了 30 件同样的白衬衫，20 条同样的裤子和

14 双同样的帆布鞋，他以为后半生足够了，没想到自己活得比鞋子还要久。

出门时他会随身带一个帆布包，里面装着宝贝——画笔。

拍照时，会戴上一顶礼帽，他说是为了遮丑。

让蔡志忠自己都感到不可思议的是，他居然还成了某一年的"时尚先生"。

穿衣简单，吃饭更是如此，一个馒头就可以打发一天。

一天只吃一到两餐，不过是馒头、青菜，再配一碗清粥。不吃早餐的习惯已经保持了 44 年。他说："吃多了，聪明的大脑就会变成猪头。"他认为肚子跟大脑成反比，肚子空空时，智商最高；吃饱饭之后，智商最低。他更不喜欢为了吃饭而中断创作，吃过饭后，往往回不到吃饭前的创作状态。

"对物质的需要减到最少，才能得到更多的自由。如果拎一个名牌包，还得配名牌的衣服。这样就被限制住了。"

物质真的不重要吗？蔡志忠说："当你的精神生活足够丰富，物质生活根本就不会在乎。"

在蔡志忠位于杭州西溪湿地的家中，950 平方米的空间里只有 4 平方米是他的"卧室"，一张书桌，一张罗汉床，工作、睡觉都在这里。

我们在这里，经常能看到一些在我们看来本应丢进垃圾桶的小物件，比如只有一厘米长的小笔头。

"我从来不扔笔！这是我 15 岁时用的笔，这是 10 岁用的，这是 5 岁用的，笔越老越好用。"他指着一幅自己的画，详细分析落在纸端的笔头年龄，"年纪最大的笔头已经用得很柔软，最适合用来画远山。"

因为不会丢东西，不能丢家具，所以蔡志忠家里的布置往往要求越简单越好。他的装潢哲学是：如果大与小，选大；如果深与浅，选浅；如果繁与简，选简；如果色彩难以抉择，就选白色。

药王孙思邈曾说"口中言少、心中事少、腹里食少、自然睡少，依此四少，神仙可了"，这也是蔡志忠一直遵循着的生活原则。有人给蔡志忠总结出一个"四不"主义，即"不睡够，不吃饱，不穿暖，不复杂"。

蔡志忠认为，人生就是这样的：在睡觉、吃饭、穿衣、应酬、享受等方面支出的精力多了，就容易在事业上偷懒，时间和精力也不够用。单纯可以让人享有充分品味的乐趣，复杂只是疲于奔命而所获甚少。所以，他要求自己的行动都要有意义，不做无谓的事，不听无聊的话，不受与事业无关的杂事或杂念的干扰，不做不必要的体力浪费。

及早养成赚钱的习惯

早点赚钱才能学会节俭。

很多艺术家都不太好意思谈钱，蔡志忠并不这样。

他送画给别人时，经常会刻意强调一下这幅画的价格："这幅画现在能卖一万二，等我死了就变十二万。"

对此，蔡志忠这样解释："我为什么经常提到自己的一幅画可以卖多少钱，是希望让更多人知道成为漫画家也可以像蔡志忠那样，而不是守着固定的薪水画脚本。如果一位母亲在刚想骂小朋友'不要看没用的漫画了'的时候，听到电视里讲到我赚了多少钱，进而没有说出那样的话，那就是好事；如果多赠别人一幅画，会让他留意到自己原来也可以拥有漫画家的作品，进而关注漫画，这也是好事。"

蔡志忠的节俭与童年的生活不可分割。

三四岁时，为了能买一个铅笔盒，蔡志忠开始想办法赚钱。乡下小工厂收集台风吹落不能卖钱的龙眼，晒干后，请人剥成龙眼干，一斤3元工钱，他端着脸盆，天天到小工厂剥龙眼干。

工作了一个月，赚了16.5元，这时，他反倒舍不得花2.8元买铅笔盒了。后来，以至他每次要买什么东西时，都会算一下这些钱要剥多少龙眼干，是否值得。

蔡志忠说，现在的许多孩子，还没赚过钱，但已经学会了大手大脚花钱了。

他经常告诉年轻朋友，要早点学会赚钱，因为知道赚钱的辛苦，无形中就学会了节俭，养成不乱花钱的习惯。

蔡志忠从小培养女儿赚钱的意识。女儿蔡欣怡小学时，折纸鹤、纸飞机到学校卖给同班同学。在加拿大读初中时，利用课余时间在温哥华做临时保姆，一小时 3.5 加元。当她发现有保姆执照一小时的工资是 5 加元时，她开始学习相关知识，考取执照。高中时，她到市区餐厅端盘子打工。后来到旧金山上大学时，又学着在网上卖东西。由于女儿从小花时间打工赚钱，虽然金额不太多，但她深刻地体会到赚钱不易，花钱从不大手大脚。

股神沃伦·巴菲特从小就很爱赚钱，每周只有 5 分钱零花钱觉得不够，于是 5 岁的他就上门推销可口可乐、口香糖，卖报纸。稍大后他带领小伙伴到球场捡大佬用过的高尔夫球，然后转手倒卖。

11 岁时，巴菲特用 100 美元购入了生平第一张股票，开启了自己的财富积累。

20 岁时，他考入哥伦比亚大学商学院，成为价值投资创始人格雷厄姆的学生。

27 岁时，他创立了自己的投资公司，十年之后，他的资产达到 2500 万美元。

40 岁时，美国经济出现滞胀，股市疲软，市场畏惧情绪明显，他却逆风操作，购买《华盛顿邮报》股票，投入的 1000 万美元十年间变成了 2 亿美元。

50 岁时，他买入可口可乐 7% 股份，5 年之后，公司股价上涨 5 倍。他获得近 7 亿美元收入。

60 岁之后，他用 3 亿美元投资了通用动力公司，半年之后，这些股票涨到 5 亿美元。

这位从 11 岁就开始积累财富的亿万富翁，一直住在 20 世纪 50 年代时买的老房子里，开着一辆中等价位的汽车。巴菲特透露，在大多数日子里，他的早餐费不超过 3.17 美元，经常在上班路上的麦当劳里买早餐。

"当我觉得不那么舒畅时，我也许会吃 2.61 美元的早餐，那就是两块猪柳扒，然后我把它们合在一起，给自己倒一杯可乐。3.17 美元可以买到一块培根、鸡蛋加奶酪松饼。如果今天早上市场下跌，我就会花上 2.95 美元，而不去买 3.17 美元的早餐。"

与花钱相比，日进斗金的巴菲特更愿意把钱存起来。然而，在一件事上，这位亿万富翁却是超级大方，这件事就是慈善。巴菲特被认为是这个世界上最慷慨的慈善家之一。

与巴菲特、索罗斯并称"世界三大投资大师"的吉姆·罗杰斯也是在 5 岁的时候学会了赚钱。

5 岁那年，罗杰斯被父母送到外婆家住了一段时间。其间，外婆家所在的小镇上举行了一场棒球赛。

罗杰斯对棒球比赛的兴趣没那么大，但是赛场带来的"商机"

让他非常着迷——他看到几个大一点的孩子捡了不少饮料瓶，把这些瓶子卖了就能买到自己想要的棒棒糖。5岁的罗杰斯也加入捡瓶子的队伍中。虽然收入不多，但罗杰斯从中发现了赚钱的乐趣。

一年后棒球比赛又要举办了，这次，罗杰斯做足了功课，他用从父亲那里借到的100美元，买来了饮料和零食，来到棒球场边做起了生意。他甚至还雇了自己的弟弟做帮手，这一次"创业"的利润比捡饮料瓶大多了。

当然，生意总是有赔有赚。对于罗杰斯而言，第一次"创业失败"发生在他11岁的时候。当时，受到战争的影响，牛肉价格飞速上涨，罗杰斯和支持他的父亲买了几头牛犊让农民帮忙饲养，准备在牛肉价格上涨到高位时抛售。没想到，随着战争的结束，牛肉价格不涨反降。他们的钱打了水漂。

这次失败对罗杰斯来说不是坏事，他意识到，赚钱并不像想象的那样简单。此后，他认真学习经济学，同时继续打工。

节俭是美德

俭，德之共也。

"节约便士，英镑自来"，这是英国女王伊丽莎白二世经常说的一句谚语。经历过第二次世界大战的伊丽莎白二世是出了名的节俭。据说女王的一件衣服要穿上几十年，每天深夜她都亲自熄灭白金汉宫小厅堂和走廊的灯，她用的牙膏要挤到一点儿不剩。号称"车到山前必有路，有路必有丰田车"的日本丰田公司，在成本管理上从一点一滴做起，劳保手套破了要一只一只地换，打印纸用完一面还会用反面打印……如此节约并不是因为物资匮乏，而是一种美德和智慧。

石油大王洛克菲勒于1913年成立"洛克菲勒基金会"，专门负责各项公益捐助。从19世纪90年代开始，他每年为社会各项事业的捐献都超过100万美元。他的捐款总额高达5亿多美元。

但他对自己和家人却非常"吝啬"。他不厌其烦地告诉孩子们勤俭节约的重要性，比如家里收到的快递包裹，他会将废弃的包装纸和绳子保存起来。玩具只买一个，4个孩子轮流玩。

洛克菲勒的小儿子小约翰长大后，不好意思地承认说："8岁以前我都穿裙子，因为我在家里最小，衣服都是穿姐姐们剩下的。"

过多的钱不是为了生活

过多的钱只是满足财富的贪欲，不是为了生活。

发生在二哥蔡高雄身上的一件事让蔡志忠从小明白了这个

道理。

小学毕业后，二哥便到台北当学徒。三年级暑假，家中接到一封来自台北的电报："雄车祸，父母速来。"

由于乡下没有电话，电报需要由彰化市电信局派专人递送到府，价格很高，所以电报内容大都是状况很急的坏事，谁接到电报，看电报时都双手发抖，知道大事不妙。

父母亲急急忙忙坐火车上台北，原来二哥在台北骑车送货时被一辆人力三轮板车撞个正着，内脏严重受伤，生命垂危，必须立刻做开腹手术。

母亲在台北医院看护二哥，父亲则赶回彰化四处借钱筹措医药费。

此后3个月，父母都在医院里全心照顾二哥，偶尔回彰化来，也只是住一天就又急忙离去，生怕二哥病情发生变化。

第一次开刀，二哥病况仍不稳定，医生立刻开第二次刀，才又挽救回来。接着二哥又濒临死亡边缘。

第三次开刀时，二哥身体的状况已经无法打麻醉剂，只好活生生地开刀，惨叫声震动医院整栋五层大楼。

由于所有的钱都挪到台北去抢救二哥了，没留下任何生活费给家中的姐弟三人，更别说零用钱了。漫漫3个月中，蔡志忠和大姐、妹妹三人相依为命，自己负责料理生活起居。唯一依靠的是一缸白米、几瓮豆腐乳和酱瓜。

姐弟三人苦守家园的日子正逢长期梅雨季，天天下着小雨，白米长米虫，酱油、豆腐乳、酱瓜也都长满肥胖蠕动的蛆，看起来很可怕。

整瓮白米都长满了一厘米细长黑色小虫，淘米时无法筛选干净，煮成饭时，密密麻麻几百只小虫，看起来挺吓人，煮成稀饭虫子会漂浮在上面，再用勺子捞便能捞干净。

这 3 个月时间他们每天吃稀饭，配豆腐乳和酱瓜。蔡志忠和姐姐对瓶子里的虫不在意，妹妹则要替她挑选方方正正没被虫子咬过的豆腐乳，她才敢吃。

3 个月后，二哥终于出院回家了。蔡志忠注意到，走在他后面拎着衣服杂物的父母，在笑容背后神情掩不住疲惫，双颊也明显凹陷下去，看起来好像突然老了好几岁。他说，父母亲度过了一段精神与体力极度耗竭的岁月。

与此同时，姐弟三人只靠一缸白米和几瓮豆腐乳和酱瓜，没花一块钱度过 3 个月的经验，也让蔡志忠对钱有了新的认识："过多的钱只是满足财富的贪欲，不是为了生活。"

差点自杀，想通财富的意义

蔡志忠 37 岁才开始潜心研究老庄和佛陀思想，他真正地开窍，是由于 37 岁之前两次在困境中的顿悟。

一次是在他 30 岁左右时，那时他正在创办远东卡通公司，一心想要立稳脚跟的蔡志忠无条件地接揽生意。

A 客户说："这件工作 3 天后要交稿。"

他说："好好好。"

B 客户说："这 20 秒广告，你必须先赶工替我做，不然我得找别人制作。"

他答应："好的，好的。"

C 客户说："这个动画广告，你 5 天内必须完成。"

他也答应他："好的。"

虽然他明明知道这些都是无法在规定时间完成的，但又不希望失去客源，只好勉强答应。

他一向对自己的工作效率很有自信，但工作越接越多，一年下来，已经积压得喘不过气来，每个案子几乎都要延迟两天才交得出。长期精神紧绷状态下，压力大到几乎要疯掉，他说甚至想过结束生命！

有一天晚上，下班后大家都走了，公司里剩下蔡志忠一个人加班，手上有四五件案子没完成，都是答应客户今天要制作完成交稿的。

他继续赶工。

"丁零零！丁零零！"电话响了。

是来要片头的，他没接电话。

过一会儿，电话又响了。

是广告公司要广告的，还是不接。

那一晚，电话不断地响起来。他清楚地知道都是哪些客户打来的电话，要催什么。

他没有接其中任何一通电话，任由电话铃去响，响着，响着……

他站在落地窗前面对台北天空思考：

"我每天这么忙，到底为的是什么？

我一天只花 100 元，为何要赚 3000 元？

到底要赚多少钱，才算有钱？"

当时他想通一个事实：

财富多寡，要视欲望而定。

如果欲望无穷，钱再多也不够用，

死拼一辈子，也不能算作有钱人！

只要口袋里的钱足以购买欲望，

就是有钱！

只要欲望大过于自己的财富，

就是没钱！

想通这个道理之后，他豁然开朗，一下子释然了。于是蔡志忠把工作全部扔下，回家好好睡了一觉。

第二天一早到公司，蔡志忠开始一个接一个打电话给客户，诚恳地告诉对方交片的准确时间，如果不能接受可以交给别家做。

但是没有一家因此而离开，所有的客户们都愿意再等几天。从此他化被动为主动，依正常的作息规律来工作，公司制作水平比以前更好了。

没有困境，便没有顿悟！

陷入困境，蔡志忠悟通了财富的定义。

不切割生命去换钱

有一个守财奴用一生赚得3万个金币，当他正准备退休好好享用这笔财富时，死神却来索命："你的阳寿已尽，跟我走吧。"

"请再让我多活3天，我给你1/3金币。"

"不行。"

"那么两天好了，我给你2/3金币。"

"不行，不行。"

"只要让我多活一天，3万金币通通给你。"

"3万金币换多活一分钟也不行。"

"那么让我写一句人生感言好吗？"

这次死神答应了，于是守财奴用自己的鲜血写道：

"要珍惜生命，用生命来换钱，到头来一定是笔亏本生意。"

1984年，《皇冠》杂志创刊30周年，请每位作家写一个小短篇。

36 岁的蔡志忠写了一篇《十年人生感想》短文：

我过去花了 10 年赚得 1000 万元，

我常想还给上苍这 1000 万元，

换回我的青春 10 年，当然我办不到！

但从此我一定能办到不再以任何 10 年或一年或一天去换取 1000 万元。

用时间换钱，到头来一定是个亏本生意。因为我们无法在临死之前，用 1000 万元换回多活 10 年或一年或一天。

文章刊登出来之后，蔡志忠便立下人生大愿：

此生不再切割任何生命去换钱，

除非我真的需要那笔钱！

这也是他的第二次顿悟。

接下来，他结束经营了 7 年的动画公司。

"拥有 3 栋房子、存款 860 万台币（大约相当于 220 万元人民币），从此只要不赌钱、不投资、不借别人钱、不替人担保，活到 80 岁我还有钱吃方便面。

"我对自己说：够了！这一生为钱做事的日子到此为止。我要去做更有意义的事。"

从此他的生命不再零售，他要将整个后半生批发给自己，只做自己乐在其中的事。

有朋友不理解地问："何必放弃动画公司呢？你可以像从前一样，动画、漫画两边兼顾啊？"

他回答说："追两兔不得一兔，我要全力以赴画漫画。"

不久后，蔡志忠一人飞赴日本，开始研究画诸子百家。4年后，他先在日本出版了一套"漫画诸子百家"，后来这套书在世界上40多个国家翻译出版。《漫画庄子说》《漫画老子说》《漫画孔子说》《漫画孟子说》等一系列国学漫画就此展开。1987年，这一系列漫画在中国台湾出版后立刻造成轰动，全球有49个国家和地区翻译出版这套书，他获得了新生。

蔡志忠后来回忆说，在日本画"漫画诸子百家"系列的4年时间和后来闭关10年研究物理、数学，是他一生中最快乐的两段日子，"可以这样用整段的时间去做最想做的事，再也没有比这个更幸福的了"。

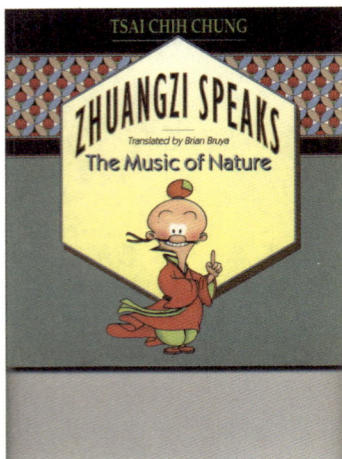

《漫画庄子说》英文版封面

　　要达到身心安顿，看透财富和欲望、金钱和时间的关系是关键。只有这样，你才会全然地做自己。

成功的定义

　　成功是什么？

　　有花不完的钱，住不完的大房子算是成功吗？

　　有至高无上的荣誉、无与伦比的权力算成功吗？

　　不可否认金钱、物质是我们生活中不可或缺的一部分，但真正的成功并不是单方面用金钱、物质来衡量的。

　　对于成功，每个人的定义不同。

蔡志忠认为，成功不是你在世时拥有什么地位和多少财富，而是你在世上做出了什么，让多少人、多长时间获益。

唐朝诗人王之涣写出《登鹳雀楼》——"白日依山尽，黄河入海流。欲穷千里目，更上一层楼"，20个字就留名千年。唐朝诗人张继写出《枫桥夜泊》——"月落乌啼霜满天，江枫渔火对愁眠。姑苏城外寒山寺，夜半钟声到客船"，直到今天依然成为苏州文化创意的招牌。

在蔡志忠看来，全世界把自己活成最有价值的人是诺贝尔。诺贝尔只留下大约7亿元人民币，但他造福人类一百多年，超过1000个诺贝尔奖得主。诺贝尔奖给人类带来的不仅仅是金钱上的收益，它的存在，是对科学成果的汇聚，是在不断地督促提高人类科学的研究水平，更是在每一代人智力探索、不断创新的道路上的一盏孔明灯。

卡耐基在全世界留下了3500座图书馆，洛克菲勒留下了洛克菲勒基金，为人类做出了重要贡献。

无实而求名，便不会留名。
不求名而求实，便因此而留名。

——杨朱

如果为了个人的名利权位，便会陷入永恒的贪婪，因为自我利益永无止境，渴望也随之增长。个人在世时的小小成就跟众人

195

没有一毛钱关系，当然不可能留名。

　　唯有无私的愿力，只为了实现自我能力的提升与发挥，不计较个人利益，以无我精神做出利益众生的事，才能永恒地影响世人，而自己便成为杨朱所说的——不求名而求实，便因此而留名。

　　人有幸能来此世间，应期望能在短短的一生尽可能无我地发挥自己的能力极限，而没有任何目的。蔡志忠认为，"在对的时间，遇见对的人，做对的事"。在合适的时机，符合时代趋势，把喜欢的事情做好，并且这件事对大家没有损害，那便成功了。

第 **10** 讲

人生不会一帆风顺，
不如主动出击

生活总是让我们遍体鳞伤，但后来，那些受伤的地方一定会变成我们最坚强的地方。

——海明威

人生不如意十之八九。

每一个人的人生从来不会是一帆风顺的，既会遇上顺境，也会遇上逆境。顺境就像是一路绿灯，在现实生活中不会随时随刻地出现。当然，人生也不会一路红灯。人生中遇上逆境是一件正常的事情，关键是我们的态度。

蔡志忠说过这样一段话："如果拿橘子比喻人生，一种橘子大而酸，一种橘子小而甜。一些人拿到大的，就会抱怨酸；拿到甜的，又会抱怨小。我拿到小橘子，会庆幸它是甜的；拿到酸橘子，会感谢它是大的。"

虽然取得了巨大的成就，但蔡志忠的一生同样不是一路绿灯。

心中常有忧患意识

祸患常积于忽微，而智勇多困于所溺。

——（宋）欧阳修《伶官传序》

从 1957 年开始，中国台湾风靡漫画近 10 年。

直到 1966 年，中国台湾有报纸称，漫画败坏社会风气，学生迷上漫画不认真读书。家长和学校纷纷禁止学生看漫画。政府也要求漫画出版前必须送审，取得执照后才能印刷出版。

漫画的销路越来越差，出版社纷纷关门倒闭。

中国台湾的漫画业有史以来第一次遭遇困难。

在这样的大环境下，蔡志忠失业了……

他只好收拾行囊，回到了彰化乡下。

他怕父母担心，没敢告诉他们自己失业的事。

父母也从来没问过一句话。在蔡志忠父母的观念里，家是孩子永远的避风港，要住多久都没问题。

几天后，父亲悄悄跟母亲说："看起来挺严重的，连唱片机和唱片都搬回来了……"

邻居问母亲："咦？你们志忠这次为何回来这么久？"

母亲只回答说："他是读书人，做什么必然有他自己的理由。"

一个月后，蔡志忠又上台北找机会。他发现台北的漫画家大都改行，或者投奔家里了。无论大环境有多恶劣，还坚持画漫画的，大部分都来自中国台湾中南部，原因可能是来自穷困乡下的孩子没有退路，韧性也更强。

从那以后，蔡志忠开始有了一种很强的忧患意识。

1971 年，到光启社上班的蔡志忠被分发到业务部，负责画商业广告影片故事版。

他数学很好，也保持随时记账的习惯，每个月都计算自己到底接了多少工作，创造出多少业绩。但连续半年，业绩不佳的他看着自己的工作量，非常担心自己随时都有可能被开除。

于是他常常到地下室，请电影部的同事教他如何使用 16 厘米放映机放映电影。

后来他除了学会动画摄影、影片剪接、冲片，还自学变纸牌魔术，他说自己的魔术能上舞台表演，丝毫不比刘谦差。他还在休息时间学会开车，考到驾照。

蔡志忠学会很多能留在台北的谋生技能，他在心里盘算："万一工作丢了，我可以去电影院放电影，或当私家轿车司机，或在街头表演魔术混饭吃。"

他说，**我一直觉得技多不压身，任何时候，多学一点就是赚了。**

《诗经·小雅》有言："战战兢兢，如临深渊，如履薄冰。"

所谓居安思危、未雨绸缪，讲的都是人不能没有忧患意识。然而，如今人们生活经济富足，不少年轻人选择安于现状，再没有奋斗的激情，过着"温水煮青蛙"般的生活。一项调查显示，46.9%的年轻人认为升职会加大自己的工作压力。"小富即安"的现象很多，但正如一个国家的发展可能遭遇"中等收入陷阱"，当个人发展到一定位置时，若贪图安逸，不再像以前那样付出，积极学习，努力创新，就可能导致发展遭遇瓶颈，甚至被淘汰。

有这样一个故事：在美国的黄石公园，有一群鹿，为了保护鹿群，人们捕杀了狼。鹿没了天敌，不断繁衍壮大。与此同时，没有天敌的追赶，鹿群也逐渐"躺平"，它们不再拼命奔跑，体质不断下降，因为数量增长过快，死去的鹿也越来越多。为了拯救鹿群，人们不得不把狼请了回来。

人人奢望的没有压力、无须担忧、不用竞争的世界，同样存在风险。忧患意识能帮我们抵御未来的风险，做好知识、技能、心理等多方面准备，思考的是未来，着眼点却在当下。不妨学学蔡志忠，常将"万一"放心中。

蔡志忠说："我一直觉得技多不压身，任何时候，多学一点都是赚了。"

坎坷和坦途之间差了一个坚持

真正的强者是在看清生活的本质之后，依然热爱生活。

——罗曼·罗兰，法国作家

爱迪生说过，英雄也是人，只是与一般人不同的是，他们在面对逆境时更能表现出勇敢和韧性。

无论命运多么曲折，生活多么糟糕，人心多么不可预测，只要还有一丝气息，都要全力以赴。也请你一定相信，即使是最逼仄的道路，也一定有一扇门，通往幸福的水源。

当然，将我们推向那处水源的，或许是爱，或许是幸运，或许是善意，但无论这些外力的因素有多大，都比不过最关键的一点，那就是我们自身的信念。命运再黑暗，也会留下一道裂痕，就像那句话所说"万物皆有裂痕，那是光进来的地方"。

希腊新喜剧诗人米南德说过，谁有历经千辛万苦的意志，谁就能达到任何目的。艰难和挫折是通往成功之路的守门人，走向成功往往就像人们玩游戏一样，得打得过怪兽才能闯关升级。

对于很多名家大师来说，他们与我们普通人的差距就在于坚持的距离。有超高天赋的人很多，但能把一件事坚持下来的人不多。

古今中外多少名人的成功史都曾是可歌可泣的失败史，这是因为他们坚持到了胜利的那一刻才变成了成功人士。

有人统计过他的一生中失败过 35 次，除了从政失败，屡次落选，还有从商失败，陷于破产，连结婚也失败，26 岁时未婚妻不幸离世，而且他的长相也被人认为很失败，然而在艰难和挫败面前，他却活成了一个不倒翁，从未放弃过持续努力，终于告别了失败的自己。他就是美国第 16 任总统亚伯拉罕·林肯。

歌德说，流水在碰到抵触的地方，才把它的活力解放。

罗曼·罗兰也说过，人的一生好似一股激流，没有岩石和暗礁便激不起美丽的浪花。

遭遇挫折是人生常态，大可不必忧虑，挫折中蕴含着催人奋进的力量，能丰富我们的人生阅历，激发我们内在的潜能，化作通向成功的桥梁。在与挫折抗争的过程中，我们可以由弱变强，在风雨中傲然屹立，在寒流中乘风破浪。

当你觉得很难，那是因为你在走上坡路！永不屈服、百折不回的精神是获得成功的基础。

海伦·凯勒是一位出色的美国作家，但众所周知，她又聋又哑又盲。美国总统艾森豪威尔接见她的时候，曾激动地说："你顽强的毅力，战胜了本身的残疾，使你像一个奇迹似的由一个又聋又哑又盲的不幸者变为优秀的作家，这种精神是值得我们任何一个美国人学习的——特别在极艰苦的时候、在失败的时候。"她之所以获得这样的成就，完全是由于她不屈不挠地与命运斗争、克服障碍的精神。

人生这一路，躺着最舒服。而增值期往往会让你痛苦，甚至抓狂。但它毕竟能让你增值。像是喝苦涩的中药过后，命运送来的一块糖。

竹子用了 4 年的时间，仅仅长了 3 厘米，但从第 5 年开始，以每天 30 厘米的速度疯狂地生长，用了 6 周的时间就长到了 15 米。其实，在前面的 4 年，竹子将根在土壤里延伸了数百平方米。

做人做事亦是如此，不要担心此时此刻的付出得不到回报，因为这些付出都是为了扎根。

人生需要储备。但是又有多少人，没熬过头 4 年的 3 厘米！

还有一个关于竹子的寓言。有两根相似的竹子，一根被制成了笛子，另一根则变成了晾衣竿。晾衣竿心里不平衡，问笛子："我们原本生长在同一片竹林，为何我得天天在风雨中受苦，还毫无价值，而你却能光彩照人，价值连城呢？"笛子回答道："那是因为你只经历了一次简单的切割，而我则经过了无数次的雕琢和打磨。"晾衣竿听了，顿时无话可说。

经得起打磨，耐得住寂寞，人生才会有价值！看见别人辉煌的时候，不要忌妒，因为别人付出的比你多！

等你真正努力过后，再忆起这一段苦涩的历程时，那种名为"成就感"的甜，是从心灵深处冒出来的，源源不绝的甜。

肯德基炸鸡

肯德基炸鸡创办人山德士上校，65 岁时才开始创业。

他挨家挨户上门推销，把想法告诉每家餐馆："我有一份上好的炸鸡秘方，如果你采用，生意必能提升，我只从增加的营业额里抽成。"

很多人嘲笑他，但并没有让山德士上校产生退意。

他从不为前一家餐馆的拒绝而懊恼，反倒用心修正说辞，以更有效的方式说服下一家餐馆。整整两年时间，他驾着破旧老爷车，足迹遍及美国的每一个角落。困了就和衣睡在后座，醒来逢人便诉说他的创意。

经历 1009 次拒绝后，山德士上校终于听到第一声"同意"。肯德基炸鸡果然声名大噪，成为世界知名品牌连锁店。

小提琴家的人生观

有一次，世界著名的小提琴家奥勒·布尔在巴黎举行一场音乐会，演奏时小提琴上的 A 弦突然断了。

令人惊讶的是奥勒·布尔居然用另外的那三根弦演奏完了那支曲子。

哈里·爱默生·富司迪说："这就是生活，如果你的 A 弦断了，就用其他三根弦把曲子演奏完。"

当前后都陷入绝境无路可走之时，别忘了可以向左右两边发展。

大作家也曾被退稿

柯南·道尔的第一部福尔摩斯探案《血字的研究》几经退稿，才在 1887 年的《比顿圣诞年刊》发表。之后他声名大噪，一共写了 60 个福尔摩斯的故事，40 年间在《海滨杂志》上发表，柯南·道尔也成为侦探悬疑小说的鼻祖。

阿加莎·克里斯蒂的第一部推理小说《斯泰尔斯的神秘案件》被退稿几次，她心灰意懒地把它投给博得利·黑德出版公司，搁置 2 年的书稿终于获得出版机会。1920 年，《斯泰尔斯的神秘案件》出版，阿加莎·克里斯蒂在英国文坛开始闪闪发光，最后终于享誉全球，她的作品被翻译为 103 种语言，成为人类史上最畅销的著书作家。

日本推理小说家江户川乱步与松本清张写第一本作品时，也并不顺遂。

江户川乱步把两本处女作《二钱铜币》与《一张车票》寄给当时的名作家马场孤蝶，希望得到推荐。但马场孤蝶反应冷淡，不予理睬。对这位无名小卒的作品根本瞧不起。江户川乱步一气之下，投寄给《新青年》，最终成为日本最负盛名的推理作家，日本推理"本格派"的创始人。

松本清张刚出道时，为了脱颖而出，经常去向文坛名人请教，他带了自己的作品拜访井上靖，请他推荐给一流出版社，但井上靖态度冷漠。松本清张经过刻苦的努力，终于写出了《隔墙有眼》，引起出版界注目。《点与线》与《隔墙有眼》的发表，成为日本推理小说划时代的开始。

不是每一匹千里马都能找到伯乐，如果自己真的是一颗钻石，总会发光。

迈克尔·乔丹在一次采访中，听到自己被誉为"不可思议的""有史以来最伟大的篮球运动员"时，他说："你只提到了成功。对我来说，成为最伟大的球员之前我在 NBA 球场上投丢了9000 次。"

阿诺·施瓦辛格在演讲中这样说道："当你失败沉沦的时候，如果一直沉沦下去，你就是一个失败者。成功的人会失败但也会重新站起来，失败再站起来，失败再站起来。你一定会站起来，这才是成功的人。""我输掉了健美比赛，我输了力量举重比赛，我输了杠铃举重比赛，我有过失败的电影，真的很糟糕，得到了最差的评价。我们都会失败，我们都有很多失败的经历。没关系，这就是为什么我说不要害怕失败。因为你害怕失败的时候，你就会畏缩不前。放松去做，失败也没关系，让我们全力以赴，拼尽全力。这就是成功的真谛！"

敢想敢干行动派

从某种意义上说，成功的大门对每个人都是敞开的。但是太多的人从它面前匆匆走过，却没有勇气推开这扇门，他们甚至告诉自己这扇门是锁着的，打开它需要具备很多条件，但少数人走过去才发现，成功需要的仅仅是勇敢的行动。

有两个人是邻居，一位是充满着智慧的大学教授，另一位却是目不识丁的小商贩。尽管两人的身份地位、学识见识有着天壤之别，但是他们有着同一个目标——发财致富。

每天教授都在院子里侃侃而谈，小商贩则在一旁听得入迷。他非常钦佩教授的学识和智慧，并且按照教授的商业理论找了项目做了起来。

十年过去了，昔日的小商贩按照教授的商业逻辑建立起了自己的商业帝国。而那位教授呢？

他依然是囊中羞涩，每天还是在空谈着自己的大道理。

敢想和敢做是走向成功的一对孪生兄弟，二者相辅相成，缺一不可。

战国时期，赵国的毛遂是平原君的门客，他在平原君门下一直默默无闻待了三年，始终没有崭露头角的机会。一次，秦国进攻赵国，情况十分紧急。赵王派平原君向楚国求援。养兵千日，用兵一时，平原君决定挑选出20名足智多谋的门客和自己一同出使楚国，可是找来找去，只找到了19人。见状，毛遂主动站了出来表示愿意一同前往。

平原君看到是毛遂，并没把他放在眼里："一个真正有才能的人很快会被人发现，就好像锥子装在口袋里，锥尖子很快就会穿破口袋钻出来。而你这些年一直未能出头露面显示出自己的才能，我如何相信你能担负起如此重大的使命呢？"

毛遂心平气和地说："我之所以没有像锥子那样从口袋里钻出锥尖，是因为我从来就没有被您放在口袋里呀。"平原君见状，便决定给毛遂一次机会。

平原君到了楚国出师不利。毛遂力挽狂澜，面对楚王慷慨陈词，动之以情，晓之以理。最终，毛遂凭着三寸不烂之舌，说服了楚王。随后，楚国对赵国施以援手，赵国解围了。

事后，平原君感慨道："毛遂原来真是人才啊！他一人抵得过百万大军！以前我居然没有发现他的才华。要不是他的自荐，险些埋没一个人才呢！"

毛遂自荐的故事人们并不陌生，可是现实生活中又有多少人能做到呢？

蔡志忠的一生曾有过多次毛遂自荐，从15岁投稿，到几次应征求职，破格录取，他人生的几次重要转折可以说都是毛遂自荐的结果。

部队服役

在中国台湾，年满 20 岁的男人必须服兵役。

20 岁的蔡志忠被分配到高射炮兵 40 炮营，听说高炮部队要到三处轮调。他心想："我这么会画画，怎么能大材小用，每天站岗 5 个小时，这简直是在浪费生命。"

报到之前要进行两个月的训练。于是受训期间，蔡志忠每逢休息日便穿着军装带着作品到部队中的"画画单位"推销自己。

他先来到军中杂志《胜利之光》，负责人说："你画得很好，可惜我们权力太小，无法帮你申请调动。"

之后他来到空军总部作战部，负责人说："目前我们不需要，你到高炮司令部试试。"

高炮司令部的人说："我们这里没有，不过听说后勤处正在找画画人才。"

蔡志忠又跑到后勤处办公室，"报告！听说后勤处需要画画人才"。他将作品递给长官，长官边看边笑："我们需要的是画工程图的建筑师，你会画建筑工程图吗？"

蔡志忠诚实地说："不会画。"

"不过你真的画得很好，结训后直接到高炮司令部向我报到！"就这样，此后 3 年，蔡志忠便留在后勤处，没有被分到部队其他地方去驻守。但他在这期间替高炮部队画了《图解细部零件分解与维护》等 3 本书，这 3 本书被出版并分发给每一位高炮官兵。他对部队的贡献，好过在阵地站岗 5475 小时。

破格录取

入一行，先别惦记着能赚钱，先学着让自己值钱。没有哪个行业的钱是好赚的。

赚不到钱，赚知识；赚不到知识，赚经历；赚不到经历，赚阅历；以上都赚到了就不可能赚不到钱。

让人迷茫的原因只有一个，那就是本该拼命的年纪，却想得太多，做得太少。

——褚时健

结束了 3 年兵役的蔡志忠，提前就找到了工作，但是辗转几家都不太适合自己。他每天下班回家后，常翻阅报纸求职栏，希望能有其他的工作机会。有一天，他忽然看到"光启社" 3 个大字，立刻眼睛一亮：

光启社征求美术设计，大专相关科系毕业；两年以上工作经验；（男）役毕。

3 个条件中，蔡志忠只符合"（男）役毕"这项。

光启社，是历史悠久的天主教文教视听节目服务机构，主要制作广播、电视节目、广告短片、纪录片等。取名"光启"是为纪念明末耶稣会教士利玛窦的好朋友基督徒徐光启，是期望获得天主之光启迪之意。

蔡志忠想，光启社有电视、电影、动画、广播、广告等部门，在这里上班应该可以学到很多东西。于是第二天中午休息时间，他带着一大本作品册页，跑到光启大楼门厅，跟柜台小姐说："我想见你们老板。"

"我们这里没有老板。"

"那么我找光启社负责人。"

"光启社负责人鲍神父，他是总干事。"

"那么我找鲍神父。"

"现在中午休息，他 1 点半才上班。"

蔡志忠便等到 1 点半，终于见到鲍神父。

他开门见山地说："我是天主教员林教区教友，虽然我不具备大专相关科系毕业、两年以上工作经验的资格，但这是我的作品，请让我有机会参加光启社美术设计应征考试。"

他把作品递过去，翻阅作品册页的鲍神父眼睛一亮，高兴地说："好，星期天下午 1 点半，我们举行美术设计应征考试，欢迎你来参加。"

考试当天来了 30 多人。

考试结束后，蔡志忠觉得自己胜算很大，因为他知道：只要鲍神父总干事看了自己的作品便会录取自己。

退伍之前，为了日后应征求职需要，蔡志忠制作了一本很厚的作品册页，里面有他出版的 200 本漫画简介、为《中华日报》《联合报》副刊画了两年的插图剪贴、设计印刷完成的书本封面与唱片封套、报纸黑白稿广告、海报等，琳琅满目，主考官一打开就像看到一本会发光的简历一样被震撼到。

果然几天之后，蔡志忠接到了录取通知。

鲍神父说："恭喜，欢迎你到光启社上班。你希望的待遇是多少？"

"薪水多少都行，我无所谓。"

"好，就从月薪 2900 元开始。"

"谢谢鲍神父。"

其实，鲍神父不知道蔡志忠原来的薪水是 4600 元，加上吃饭不要钱，鲍神父更不知道其实薪水一分不给他也愿意来上班。因为他想进光启，为的是学习。

此后，蔡志忠便在光启社上班 5 年多，也在这里学会动画，在这段时间谈恋爱、在这段时间结婚，在这里改变了自己的命运。

在军中服兵役期间，蔡志忠抽到高炮部队，带着作品四处应征，设法使自己调到司令部从事画画。虽然条件不符，仍自我要求到光启社参加求职考试。从这两个实例，蔡志忠发现：人可以凭自己的意志改变命运。

"我一介布衣，毫无人际关系。面对人生，永不妥协，不肯听任命运安排，走出自己的路，可能是我天生有块逆骨，是我与众不同之处。"蔡志忠说。

入籍面试

主动出击，首先得有诚意并准备充足，蔡志忠对此非常看重，他总是随时准备个人作品册子和各国媒体采访剪贴簿，一亮出来，不用言语说明，对方立刻非常清楚。

依加拿大移民法规定：移民 4 年内在加拿大住满 3 年，便能申请加拿大国籍。

蔡志忠的太太和女儿这 5 年都待在温哥华，她们两人都遵守这项规定，蔡志忠则往返于温哥华与中国台湾两地，真正住加拿大的时间只有 223 天，离入籍申请的规定相差十万八千里。

1995 年 5 月 20 日，他们一家三口依申请通知的时间，开车前往入籍法官办公室面试。

路上，太太说："你要跟入籍法官说因为你是作家，需要到世界各地考察，因此 4 年内才没在加拿大住满 3 年。"

蔡志忠则胸有成竹地说："别担心，这件事交给我。"

进入加拿大入籍法官办公室，入籍法官正在看他的数据，抬头说："你有很大的问题。"

蔡志忠用英文跟入籍法官说："我知道，不过这也是加拿大的问题。"

法官问："怎么说？"

"我们一家在温哥华住了4年，能否给我4分钟，让我说说我自己？"

"当然。"

"移民加拿大前，我只会说 Thank you 和 Bye bye，我保证将来英文会进步更多。"

"了解。"

"我是个好的园丁、室内装潢设计师。"

然后展示了温哥华家中种满竹子、银杏、中国绣球的庭院和挂满水墨罗汉的室内照片，室内外充满奇异的东方色彩。

之后，蔡志忠又拿出刻着自己名字的桥牌冠军奖杯说："我是桥牌高手，这是1992年温哥华桥牌全度总积分冠军奖杯。"

蔡志忠紧接着又拿出20本各国版本的《漫画诸子百家》系列，"我是国际知名漫画家，出书超过100本。我也是畅销作家，这套书被翻译成几十种语言，在很多地区是畅销书第一名，全球卖了3000多万本。《漫画禅说》这本书目前是北美地区畅销书前10名，你可以在温哥华的任何书店买到。"

他接着说："我是很特别的人，希望你给我特别的 Pass，对我有好处，对加拿大也有好处。"

入籍法官听完，大笑鼓掌拍手，当即批准了他的移民申请。

入籍面试通过后，法官问他："我不明白你这么优秀，为何要移民？"

蔡志忠说："我移民温哥华，跟200年前英国人、法国人移民加拿大的原因相同。寻找美丽的家园，是全世界所有生命的梦想。"

移民温哥华的中国台湾男人，大多是空中飞人，移民期间台北、温哥华两地来回飞行，因此都无法达到移民法规定：4年内在加拿大住满3年，除了蔡志忠，几乎没有人通过入籍法官面试。

他如此自信的原因，是深知一个国家要广纳移民的真正原因：移民国无非是希望能移入更多年轻优秀的人才进来，以改善人口结构。如果无法证明自己特别优秀，便只能依规定4年内在加拿大住满3年。

做好了充足的准备，一切都不是问题。

按响日本收藏家的门铃

1995年春节，爱上收藏铜佛的蔡志忠，到台北"故宫博物院"参观文物，在贩卖部买到一本《新田栋一中国镏金铜佛收藏图录》，赫然发现全世界镏金铜佛收藏最好的人是新田栋一，从书中简介得知，原来新田栋一出生在中国台湾，本名彭楷栋，几年前他所收藏的镏金铜佛曾在台北"故宫博物院"展出。

蔡志忠要到新田栋一的电话和东京地址，便飞到日本东京去找新田栋一的住所，按他家门铃。接着他递给管家一本各国媒体采访自己的剪贴簿，说是来自中国台湾、非常热爱铜佛的知名漫画家求见。

没多久，管家领他进入屋内跟新田栋一见面。新田栋一看了蔡志忠的媒体采访剪贴簿，知道他确实很有名，不是坏人，热烈邀请他住在他的豪宅。

蔡志忠说："我非常喜欢中国铜佛，已经收藏了好几百尊。而全世界镏金铜佛收藏得最好的人就是你，我想跟你学习。"

他说："谈不上如何教你，我们互相学习吧。"

新田栋一的家位于东京最贵的地段，东侧窗口正对着东京铁塔，整栋豪宅共有5层，每层300平方米，屋内附设电梯。一楼是4间收藏品展厅，分别展示中国、日本、韩国、印度以及东南亚地区的镏金铜佛收藏，很多展品非常稀有精致。

相处7天中，新田栋一跟蔡志忠谈论收藏镏金铜佛的因缘，也带他到东京各地古董店买铜佛。离开东京之前，新田栋一大方地送给蔡志忠一尊北魏镏金小板凳佛作为见面礼，并以四分之一的低价让给他37尊镏金铜佛。

一个月后，为了洽谈台北"故宫博物院"购买他的32尊镏金铜佛的事宜，新田栋一来到中国台湾，住在蔡志忠家对面的饭店，整整一个月的时间，蔡志忠听他细细讲述了自己的一生：

1911年出生于中国台湾新竹县竹北的小渔港，出生前3个月，父亲便因为出海捕鱼而死于海上。

15 岁离开中国台湾，只身到日本创业，同时他也是花式撞球冠军。

1937 年当过中国台湾第一部闽南语电影《望春风》男主角。

有时新田栋一也谈到他收藏的佛像的故事和收藏过程的故事。

2007 年新田栋一去世于东京，享年 96 岁。过世之前，他把在日本、韩国的收藏佛像捐赠给了上野东京博物馆；把在印度和东南亚的收藏捐给美国纽约大都会博物馆；把 400 尊中国镏金铜佛捐给台北故宫博物院。

2007 年 12 月，蔡志忠代表新田栋一的家人，在台北"故宫博物院"替他捐赠最后 50 尊佛像。

蔡志忠说自己敢于登门拜访新田栋一，最主要的是他深知我爱铜佛，如果对方也真心喜爱铜佛，那么必定一见如故、相见恨晚，绝不会被拒之门外。

蔡志忠在他的自传中这样写道：

我一生多次主动认识一个人，或主动应征求职，因为我总认为生命苦短，想跟一个人相识，或让别人发现自己的才能，期待因缘际会、随缘相遇的概率很小，不如亲自行动登门造访。

一个有才华的人，不妨自己主动站出来，在别人面前展现自己的才华，只有这样，才能及时让自己得到展现才华的舞台。

　　有很多人总是认为"命里有时终须有，命里无时莫强求"。但是，有一点也必须明白，那就是"天上不会掉馅饼"。西班牙企业高等经营学院的亚历克斯·罗维拉和费尔南多·特里亚斯教授在《好运气——成功的关键》中，对人生的机遇做了一番阐述。他们认为，"好运气其实就是有利环境，这完全要靠自己来主动创造，天上不会掉馅饼。"

　　机遇不会自己朝你走来，更不会主动投入你的怀抱，唯有你主动去接近，去挖掘，才能开采到机遇的金块。头脑当中一定要建立这样一种信念——凡事要马上行动，凡事要主动出击。

生命只能兑现当下刹那

蔡志忠在他的《蒲公英的微笑》中这样写道：

生命是件很奇妙的事！
无论我们有多少钱，
我们只使用上面那几张。

无论我们有多少屋子，
我们只有一个身体可以住。

无论我们可以活多久，
我们永远只能兑现：
此时、此地、刹那、当下、
瞬间的一微小切片时间。

我们不能让时间回头，
也不能让时间快速走。

我们唯一能做的就是：
把握当下，融入现前。

无论我们的一生有多长，它的总长度都是无穷小刹那相加的总和。

如果，我们不能融入今日、此时、此地、此刻，就没有别的明天会来临。

因为，来临的每一个明天，都只是当时的今日、此时、此地、此刻。

这些构成无穷多的无穷小刹那中，无论它是好、坏、净、垢、寒、暑、高、低，都是整个人生的一部分，没有哪一部分不是自己。我们如果排斥忽略它，就是忽略自己的人生。

生命的实相是：当下刹那才是真实不虚的！

当我们面对眼前情境时，应如同镜子一样无我地如实反映当下，只有随着情境变化，而没有变化中的那个我存在，才是最高的空境！

人生最好的状态——过往不恋，未来不期，过好当下！

附：

　　恰巧，在本书撰写期间，蔡志忠收到一位弟子的来信，这是一位刚刚中考结束的中学生，关于未来的规划她有些迷茫，希望能从师父这里得到指点。而蔡志忠的回答，希望也能给予迷茫彷徨中的你些许启示。

蔡老师：

　　您好！好久没有联系，您身体还好吗？

　　我 6 月 22、23 日刚刚中考完，这一年来，特别是九年级非常紧张，所以一直没有找到机会给您写邮件。

　　现在虽然放假了，但是稍微有一点迷茫。如果我被深圳的四大名校，也就是重点学校录取了，我会走国内的体系。

　　另外一个选择就是走国外体系，这个还要等最后的成绩出来才能确认。

　　您觉得我更适合哪一种呢？是在国内读大学，还是出国留学呢？您能给我一些建议吗？

　　祝身体健康，万事胜意！

您的弟子：谢欣儒

2019 年 6 月 25 日

蔡志忠的回函：

欣儒：

如果你真的要问我意见，所得到的意见可能跟你和你妈妈所期待的不一样。

我一向认为读书非常重要——可以增加知识、学会独立思考、明辨是非、决定对错，但文凭一点也不重要。

我目前有41位弟子，有哈佛学霸、东密歇根大学教授、网易副总裁、华为欧洲地区总裁、瑞士银行全球业绩第八名理财专家、全世界托福考试第一名学霸（只差三分满分）、著名电视主持人等各个不同领域杰出人士。

但真正厉害的弟子跟他们的学历没关系，而是他的个人能力和梦想、完成梦想的能力。

你们应该都知道我只念完初中二年级，但没有人念书比我多（超过3万本），目前应该是影响力和知名度排亚洲前列的漫画家。

我一向主张从小要有梦想，用一生全力以赴地去完成梦想。例如，哈佛最有名的校友是只读一年哈佛的微软和脸书创办人，而不是哈佛博士。

我个人认为一个厉害人物最重要的不是读什么名校，文凭有多高，而是立志要早，并及早展开自己的一生。

泰格·伍兹10个月大时，便开始玩高尔夫球，2岁上美国最火的电视现场节目苏利文剧场表演 10 英尺推杆，并一杆进洞。

瑞士网球名将辛吉斯 2 岁开始打网球，17 岁成为女单世界第一。

乔布斯 13 岁立志发展计算机，22 岁推出世界第一台个人计算机苹果 II。

我 3 岁半开始思考将来要成为什么？3 岁半到 4 岁半找到了人生之路——画画，只要不饿死我，就要画它一辈子。

现在我有两个外孙女，8 岁的 SASA 4 岁时立志拿花式溜冰奥运金牌，到现在为止一共拿了中国台湾冠军和亚洲亚军等 19 块奖牌。

现在 SASA 要开始经营自己的 SASA 运动服装品牌了！

4 岁的 ZIZI 半年前立志成为 YouTube 优质内容的创作者，在 YouTube 用中英文双声带介绍玩具、组装、玩法和教四五岁小朋友画画。

全球第一名 YouTuber 年收入 2 亿美金，第二名是一位华裔小男生，年收入 6600 万美金。

ZIZI 已经录制她的节目半年了，剪切、特效完成之后就要在 YouTube 推出，她定下自己的小小目标——年收入 100 万美金。

我问她说："万一年收入 1000 万美金怎么办？"

ZIZI 说："1000 万美金也行。"

谈了那么多跟钱有关的事好像很庸俗，我想说，重要的是要及早有终极人生目标，并及早展开！名校不能证明什么，关键在于及早有梦，并全力以赴完成梦想！

至于你应该怎么决定自己的未来，套用我女儿两三岁问我意见时，我总是回答她："你有大脑，自己的问题要自己想答案，只有你自己才能做出最佳判断！"

欣儒，在同龄中你算是够厉害的了！上河南卫视《成语英雄》节目，念一年牛津小学，用中英文写作出书，参加海上立帆竞赛……

不要怀疑自己的个人能力，你不需要用名校、文凭来证明你自己，学我的一个最重要的观念——永远不敢看不起自己！

蔡志忠　合十

蔡志忠

蔡志忠

蔡志忠

蔡志忠

蔡志忠

蔡志忠与三毛

蔡志忠与星云大师

本书作者李虹在北京采访蔡志忠

本书作者李虹在蔡志忠杭州的家中

蔡志忠杭州工作室外景

蔡志忠杭州工作室的门口

蔡志忠杭州工作室内景

蔡志忠杭州工作室内景

图书在版编目（CIP）数据

我命由我不由天 / 李虹，蔡志忠著. -- 北京 ：现代出版社，
2020.5

ISBN 978-7-5143-8434-5

Ⅰ. ①我… Ⅱ. ①李… ②蔡… Ⅲ. ①蔡志忠－自传
Ⅳ. ①K825.72

中国版本图书馆CIP数据核字 (2020) 第058419号

我命由我不由天
WO MING YOU WO BU YOU TIAN

著　　者	李　虹　蔡志忠	
选题策划	张　霆	
责任编辑	赵海燕　马文昱	
责任印制	贾子珍	
出版发行	现代出版社	
地　　址	北京市安定门外安华里504号	
邮政编码	100011	
电　　话	(010) 64267325	
传　　真	(010) 64245264	
网　　址	www.1980xd.com	
印　　刷	北京瑞禾彩色印刷有限公司	
开　　本	710mm×1000mm　1/16	
印　　张	17	
字　　数	165千字	
版　　次	2020年8月第1版　2025年4月第13次印刷	
书　　号	ISBN 978-7-5143-8434-5	
定　　价	52.00元	

我命由我不由天

李虹　蔡志忠｜著